T0107906

L'ÉPISTÉMOLOGIE HISTORIQUE

DE

GASTON BACHELARD

DU MÊME AUTEUR

Bachelard, Épistémologie, textes choisis, Paris, P.U.F., 1971, réédé.1996.

Pour une critique de l'épistémologie, Paris, Maspero, 1972, rééd. 1980.

Une crise et son enjeu, Paris, Maspero, 1973.

Bachelard, le jour et la nuit, Paris, Grasset, 1974.

Lyssenko, histoire réelle d'une "science prolé-ta-rienne", Paris, P.U.F., 1976, rééd. Quadrige, 1995.

Dissidence ou révolution ?, Paris, Maspero, 1978.

L'ordre et les jeux, Paris, Grasset, 1980.

La philosophie sans feinte, Paris, Albin Michel, 1982.

Contre la peur. De la science à l'éthique une aventure infinie, Paris, P.U.F., 1990, rééd.Quadrige, 1999.

L'Amérique entre la Bible et Darwin, Paris, P.U.F., Quadrige, 1992, rééd. 1998.

A quoi sert donc la philosophie ? Des sciences de la nature aux sciences politiques, Paris, P.U.F., 1993.

Les infortunes de la Raison, Québec, Vents d'Ouest, 1994.

Prométhée, Faust, Frankenstein : Fondements imaginaires de l'éthique, Paris, Livre de Poche, Biblio Essai, 1996, rééd. 1998.

L'avenir du progrès, Paris, Éditions Textuel, 1997.

Déclarer la philosophie, Paris, P.U.F., 1997.

Science, philosophie et histoire des sciences en Europe, sous la direction de D. Lecourt, Bruxelles, European Commission, 1998, rééd. 1999.

Encyclopédie des sciences, sous la direction de D. Lecourt, Paris, Livre de Poche, 1998.

Les piètres penseurs, Paris, Flammarion, 1999.

Dictionnaire d'histoire et philosophie des sciences, sous la direction de D. Lecourt, Paris, P.U.F., 1999. Prix Gegner de l'Institut de France (2000).

Rapport au Ministre de l'Éducation Nationale sur l'enseignement de la philosophie des sciences (2000) : http://www.education. gouv.fr/rapport/lecourt/

Sciences, mythes et religions en Europe, sous la direction de D. Lecourt, Bruxelles, European Commission, 2000.

La philosophie des sciences, Paris, P.U.F., Que sais-je ?, 2001.

BIBLIOTHÈQUE D'HISTOIRE DE LA PHILOSOPHIE

Fondateur : Henri GOUHIER   Directeur : Jean-François COURTINE

Dominique LECOURT

——————

L'ÉPISTÉMOLOGIE HISTORIQUE

DE

GASTON BACHELARD

Avant-Propos
de
Georges CANGUILHEM

Onzième tirage
augmenté d'une postface

PARIS

LIBRAIRIE PHILOSOPHIQUE J. VRIN

6, Place de la Sorbonne, V^e

2002

© *Librairie Philosophique J. VRIN,* 2002

Imprimé en France

ISBN 2-7116-4307-7

AVANT-PROPOS

La présente étude de Dominique Lecourt reproduit un mémoire de maîtrise qui a paru digne d'être publié tant en raison de l'intelligente sobriété avec laquelle il interroge l'œuvre épistémologique de Gaston Bachelard, que du discernement dans la visée des points où l'interrogation doit venir.

S'il mobilise, pour son étude, certains concepts épistémologiques dont le lieu d'importation n'est pas dissimulé, M. Lecourt peut s'en justifier d'abord par la discrétion dont il fait montre, ensuite et surtout par le fait que ces concepts ont été inventés et essayés pour obéir, dans un domaine auquel Gaston Bachelard ne s'est pas lui-même appliqué, à certaines normes et exigences de l'épistémologie bachelardienne.

L'index des principaux concepts qui termine cette étude sera utile à tous ceux pour qui la lecture de l'œuvre épistémologique de Gaston Bachelard est, conformément à ce qu'il a souhaité lui-même, un travail.

G. Canguilhem

INTRODUCTION

Commentaire d'un commentaire, réflexion sur une réflexion, ce travail relève-t-il de l'érudition historique – comme l'indiquerait son titre – ou de la ratiocination philosophique, puisqu'il se donne pour « mémoire de philosophie » ? Telle est la question qu'on est en droit de se poser devant une telle entreprise. Autre forme de cette question cruciale : s'agit-il d'exhiber, dans le genre que la tradition a délimité sous le nom d'épistémologie, une variété curieuse, l'espèce historique ? Dans ce cas, on parlerait d'« épistémologie historique » au sens où l'on parle de « géographie historique » pour désigner une branche spéciale de la discipline « géographie ». Ou bien s'agit-il d'isoler dans l'histoire de l'épistémologie l'instant qui porte le nom de Gaston Bachelard pour en rappeler le souvenir ? En ce sens, « épistémologie historique » serait à prendre comme « monument historique » : témoin du passé qui, pour révolu qu'il soit, mérite encore de rester dans les mémoires.

Il est question ici de tout autre chose : l'œuvre de Gaston Bachelard, par une nécessité interne qui lui est propre, échappe aux prises de ces alternatives rebutantes. Ce que nous y découvrons, c'est que l'épistémologie *est* historique ; son essence est d'être historique. Si nous retenons pour première définition de l'épistémologie ce que nous en dit l'étymologie, nous dirons : la discipline qui prend la connaissance scientifique pour objet doit tenir compte de l'historicité de cet objet. Et voici le contrecoup immédiat de cette proposition révolutionnaire : si l'épistémologie est historique, l'histoire des sciences est nécessairement épistémologique. Une fois rejetées les alternatives rebutantes nous sommes pris dans une réciprocité engageante.

Elle nous *engage* en effet, au-delà du jeu des mots, à penser celui des concepts qui y sont à l'œuvre : épistémologie et histoire. Soit à répondre à la question : quel mécanisme théorique se dissimule-t-il sous le mystère de cette double inauguration ? Ou mieux : en vertu de quelle nécessité la problématique instaurée par Bachelard en épistémologie porte-t-elle ses effets hors de son champ dans celui de l'histoire des sciences ? Plus précisément encore : quel système réglé de concepts fonctionne-t-il dans l'épistémologie bachelardienne qui *donne lieu* à la construction à un nouveau concept d'histoire des sciences ?

Mais nous y sommes *pris* : il est clair en effet que dire « épistémologie historique », c'est déjà impliquer dans la définition de la discipline le concept dont elle a pour effet de permettre la construction. L'aporie serait complète si l'on n'avait égard au statut particulier de l'épistémologie : son objet renvoie lui-même à un autre objet. C'est un discours qui s'articule sur un autre discours. A la lettre, c'est un discours second dont le statut dépend donc, en dernière analyse, de la structure du premier.

Or, nous tenterons de démontrer que la découverte de Gaston Bachelard est précisément d'avoir reconnu, puis réfléchi théoriquement, que la science n'a pas d'objet hors de sa propre activité ; qu'elle est elle-même, dans sa pratique, productrice de ses propres normes et du critère de son existence. Cette thèse audacieuse produite par un philosophe qui s'est imposé d'être et de rester l'élève modeste des savants contemporains révolutionne le champ de l'épistémologie. Nous nous attacherons à montrer par quel travail théorique Bachelard a pu la produire, dans quel réseau de concepts il a su l'exprimer. Sans anticiper sur le détail de l'analyse, un simple survol de son œuvre permet d'affirmer que tout s'organise autour d'une réflexion sur la Physique-Mathématique ; exactement sur l'énigme du trait qui les unit et dont la science contemporaine montrait la nécessité de le résoudre en théorie.

Sautons tout de suite aux conclusions : en se donnant pour objet la connaissance scientifique dans son mouvement, c'est à un *processus historique* que l'épistémologue a affaire. Tout un champ de problèmes réels, s'ouvre à son enquête; hors de l'univers tranquille des problèmes idéaux posés par le Philosophe à propos de « La Science », de son fondement, sa méthode, sa réalité, son statut par rapport aux autres formes de la connaissance...

On aperçoit donc dès maintenant que cette thèse heurte les convictions dont a vécu jusque-là la philosophie. Nous nous proposons de montrer qu'elle les heurte de façon très particulière, de façon *non-philosophique*, quoique le choc se produise *dans* la philosophie. Nous verrons que sur certaines questions, dont la conjoncture théorique avait fait des « points de sensibilité » – par exemple la question de l'intuition ou celle de la qualité – Bachelard, parti d'ailleurs, rencontre les philosophes. Nous prenons le risque d'affirmer que cette rencontre n'est pas le fait du hasard; elle tient à ce que les problèmes que se pose la philosophie ont aussi un rapport à la connaissance scientifique, mais sous une autre modalité qu'il nous incombera de déterminer.

Rencontre non-philosophique dans la philosophie : nous espérons en effet démontrer que la discipline théorique inaugurée par Gaston Bachelard pose à propos des sciences d'autres questions sur un autre terrain; elle invalide les notions de l'épistémologie antérieure, et – ce qui est plus grave – elle disqualifie les problèmes de la philosophie traditionnelle; elle les met hors-jeu. Autrement dit : elle *tient lieu* – elle occupe la place – de la philosophie antérieure, mais *ailleurs.* Nous aurions là sans doute la raison ultime, et profonde, du dépaysement que l'on éprouve à lire le texte de Gaston Bachelard : c'est un autre pays que l'on découvre; un nouveau monde par la grâce d'un style nouveau construit avec de nouveaux concepts.

De fait, on ne peut manquer de remarquer que l'œuvre de Bachelard est, de part en part, traversée d'une polémique toujours reprise contre les Philosophes. La philosophie y est présente comme une hydre avant d'être pensée comme un spectre. Nous prétendons que la nécessité de cette polémique est inscrite au plus profond de la pensée de Bachelard : en *ouvrant* le champ de l'épistémologie historique, il *découvre* – il met à nu et à vif –

ce que la philosophie s'acharne à *recouvrir*: les conditions réelles – historiques – de la production des connaissances scientifiques. Le recouvrement philosophique se manifeste par un *déplacement* systématique des problèmes : l'entreprise de Bachelard est de leur restituer leur juste place, c'est-à-dire leur sens, quitte évidemment à remettre les philosophes à la leur. Il y avait donc un destin dans sa pensée théorique qui devait faire de cet homme pacifique le philosophe qui combat sur tous les fronts.

Mais Gaston Bachelard ne se contente pas de décrire les mécanismes et les effets de l'intervention philosophique dans la connaissance scientifique ; il en cherche le *pourquoi*. Il est clair, à se yeux, que ce que nous appelons le « déplacement-recouvrement » ne peut se faire sans un intérêt pour l'ordonner. En d'autres termes, non seulement Bachelard exhibe l'impensé du discours philosophique (le recouvrement), mais il nous met sur la voie de l'inconscient dont cet impensé est l'effet dans le texte philosophique. Dans ce livre inouï qu'est *La formation de l'esprit scientifique*, puis de façon continue dans la suite de son œuvre, il donne à voir les *valeurs* qui ordonnent – dans tous les sens du terme – le discours philosophique, valeurs idéologiques dont l'intervention dans la pratique scientifique constitue ce que Bachelard désigne d'un nom nouveau, les « obstacles épistémologiques ». Ce mot nouveau est un concept que, pour des raisons qui tiennent, comme on vient de le voir, à sa nature, le philosophe ne pouvait ni produire nimême reconnaître.

C'est ainsi que nous prenons au sérieux la notion de « psychanalyse » qui figure dans le sous-titre de l'ouvrage. Nous y verrons un projet inédit, souvent plus admiré que compris, dont Bachelard est le premier à avoir pu concevoir la nécessité. On y découvre, peut-être mieux qu'ailleurs, pourquoi selon Gaston Bachelard la détermination spécifique de la philosophie est son rapport aux sciences, comment la philosophie se définit dans et par cette intervention, comment ce sont des valeurs extra-scientifiques qu'elle importe dans l'activité du savant, qu'elle plaque sur les opérations de la connaissance scientifique. Mais s'y révèle aussi la principale victime de cette intervention : le savant lui-même qui, consciemment ou non, emprunte à la philosophie les concepts qu'elle a formés pour réfléchir sa propre pratique. On y voit, en définitive, pourquoi « la science n'a pas la philosophie qu'elle mérite », ce qu'elle y perd ; mais aussi comment elle peut l'acquérir. Ce livre, que Bachelard a voulu d'accès facile, nous introduira au doute le plus difficile, au plus secret de l'épistémologie bachelardienne.

En effet, des tâches nouvelles peuvent être désormais assignées à l'épistémologue. Il faut une philosophie ouverte et mobile qui respecte les ouvertures toujours nouvelles et inattendues de la pensée scientifique. C'est dire que la philosophie doit renoncer à la forme systématique, au confort de son espace clos, à l'immobilité de la « raison close » pour se *risquer*, aux côtés des savants, à leur suite, dans des « champs de pensée » non encore défrichés. C'est ce à quoi répond et engage, comme on le verra, l'ensemble des concepts élaborés et retravaillés par Bachelard ; constitutifs de son épistémologie, ils trouvent leur expression la plus remarquable, parce qu'opératoire, dans ses derniers ouvrages : *Le rationalisme appliqué, L'activité rationaliste de la physique contemporaine* et *Le matérialisme rationnel*.

Il n'est sans doute pas sans intérêt de le constater : c'est au début de *L'activité rationaliste de la physique contemporaine*, en 1951 – c'est-à-dire près d'un quart de siècle après ses premiers travaux – que Gaston Bachelard consacre un long chapitre introductif à définir les « tâches d'une philosophie des sciences ». Manifestation remarquable de cette ouverture dont il réclamait des autres philosophes qu'ils fassent leur souci majeur, ce fait a une autre portée. Si l'on veut bien attacher quelque importance à son lieu, on en inférera :

– que c'est la réflexion des techniques et des concepts de la nouvelle Physique qui ont mis Bachelard en demeure de concevoir de nouvelles tâches pour la philosophie des sciences ou, ce qui revient au même, de fixer les concepts fondamentaux d'une nouvelle épistémologie. Toute son œuvre nous le confirme ;

– mais surtout que c'est tardivement, au terme d'un long travail théorique pour dégager la spécificité des concepts de la science nouvelle que cette épistémologie peut être conforme à son propre concept – déjà à l'œuvre mais non thématisé dans les ouvrages de la période précédente – et *formellement* engager la pensée philosophique dans une nouvelle problématique.

Il est, à notre sens, très significatif que ce soit le même ouvrage qui, quelques pages plus loin, prenne pour thème les problèmes de l'Histoire des Sciences et les réfléchisse pour eux-mêmes; non plus incidemment, comme c'était le cas dans les autres ouvrages. La Conférence au Palais de la Découverte sur *L'actualité de l'histoire des sciences* ne fera que reprendre, pour les amplifier, les considérations du livre de 1951.

Nous y voyons la justification de la thèse que nous avons déjà avancée : l'institution d'une problématique nouvelle en Histoire des Sciences est l'effet, hors de son champ, de la révolution épistémologique bachelardienne.

C'est aussi de cette double constatation qu'on s'autorisera pour justifier l'ordre d'exposition ici adopté. Il consiste à montrer d'abord comment Gaston Bachelard, à la faveur d'un boule-versement dans la Physique-Mathématique, *reconnaît* d'un même geste l'objet de la science et celui de la philosophie ; ou plutôt, mais en des sens différents, reconnaît que ni l'une ni l'autre n'ont d'objet ; à montrer ensuite que cette double recon-naissance, une fois pensées ses implications théoriques, produit une fondation double et réciproque : celle de l'épistémologie historique et de l'histoire épistémologique.

Il va de soi que ces positions théoriques que nous défendons ne vont pas sans la mise en œuvre d'un certain nombre de prin-cipes de lecture. En particulier, si ce que nous avons dit est juste, il nous apparaît que l'architecture du *texte* de Bachelard est complexe. On peut y distinguer plusieurs niveaux qui d'un chapitre à l'autre, d'un paragraphe à l'autre et même d'une phrase à la suivante peuvent être superposés. Cette intrication, qui n'est pas confusion, tient à la complexité de la situation de l'épistémologie bachelardienne. On pourrait ainsi la schématiser provisoirement :

– le texte nous dit quelque chose de la connaissance scientifique ; à l'état pratique, c'est l'épistémologie qui fonctionne ;

– le texte nous dit quelque chose de la philosophie ; c'est l'épistémologie qui fonctionne sur le rebord polémique ;

– dans le même temps, où on la voit fonctionner, s'élabore, se précise et s'expose une doctrine épistémologique précise, formée d'un « corps de concepts » bien ajustés ;

– nous ajoutons, pour notre part, que le fait de cette élaboration, dans le champ même de la philosophie, peut achever de nous renseigner sur le jeu dont elle se constitue.

En défendant ces thèses et ces principes, nous croyons être fidèle à la pensée de Gaston Bachelard : la fidélité, en l'occurrence, ne nous semble pas être de nous faire le miroir de son œuvre, ou encore, pour employer une de ses expressions, d'en produire le « pléonasme » ; mais plutôt de montrer par quelles voies difficiles elle a su être une philosophie ouverte, une pensée qui suggère d'autres pensées, une épistémologie qui n'a pas fini de nous livrer ses leçons. La plus haute étant sans doute celle que nous tenterons de dégager pour terminer en montrant comment Bachelard, fidèle à ses principes, a su conformer sa pensée à la rapidité des progrès scientifiques et procéder à l'héroïque re-travail de ses concepts.

L'œuvre de Gaston Bachelard est telle qu'au terme de son étude, nous voici sommés de nous mettre au travail, à l'école des derniers progrès de la pensée scientifique. Nous tenons cette sommation pour la réponse ultime aux questions que nous posions pour commencer et qui pourraient toutes se résumer en celle-ci : « Pourquoi donc lire Gaston Bachelard en 1968 ? ».

I. RECONNAISSANCES

1927, l'année où Gaston Bachelard remet ses deux thèses de doctorat, voit Max Born énoncer la théorie probabiliste de l'électron, Heisenberg formuler le principe d'incertitude, et Lemaître l'hypothèse de l'univers en expansion. Si l'on parcourt la décade qui précède, on s'aperçoit qu'elle n'est pas moins riche en travaux scientifiques de première importance : en 1925, Millikan avait découvert les rayons cosmiques, en 1924 Heisenberg avait fondé la Mécanique Quantique, et c'est en 1923 qu'avaient été publiés les premiers travaux de Louis de Broglie sur la Mécanique Ondulatoire ; ajoutons, pour excéder un peu la limite que nous nous sommes fixée, que l'ouvrage d'Einstein sur la *Théorie de la relativité restreinte et générale* était paru en 1913. On comrend mieux ce que Bachelard voulait dire, beaucoup plus tard, en 1951, lorsqu'il écrivait dans *Le matérialisme rationnel* : « une décade de notre époque vaut des siècles des époques antérieures ».

Sans qu'il ait pu, dès 1927, prendre connaissance de tous ces travaux, Bachelard a eu tout de suite une conscience aiguë de cette accélération du temps scientifique. Mais ce qui attirait son attention, c'était surtout la *nouveauté* de ces théories et des concepts qu'elles mettaient en jeu. Il assistait à ce qu'il appelait déjà une « mutation » et qu'il pensera plus tard sous le concept de « rupture ».

Ces bouleversements, Gaston Bachelard était, si l'on peut dire, tout particulièrement destiné à les ressentir puisqu'ils affectaient la discipline qu'il considérait – et son opinion sur ce point ne variera jamais – comme la « science reine » : la Physique-Mathématique. C'est dans cette science qu'il avait trouvé son maître en la personne de Gabriel Lamé [1] pour lequel il ne cessera de dire son admiration. Or, c'était les concepts fondamentaux de la Physique-Mathématique que la Théorie de la Relativité remettait en question : espace, temps, localisation… toutes ces notions devaient être revues ; au même moment grandissait, aux côtés de la Physique traditionnelle, une nouvelle science : la Micro-physique. La question que se pose Bachelard à son propos est de savoir quel sens donner à cet « à côté » : doit-on considérer la nouvelle discipline comme une région de la Physique, un de ses appendices – si étrange soit-il – et donc un de ses prolongements ? Ne faut-il pas penser au contraire que c'est la Physique tout entière qui doit passer sous la juridiction de ses principes ?

C'est d'emblée un double problème qui se pose donc : celui *du statut épistémologique* de la science nouvelle, et, à travers lui, le problème le plus général des relations entre « régions » du savoir ; celui du *statut historique* du nouveau par rapport à l'ancien ou encore : doit-on, dans le domaine du savoir, s'en remettre à une succession chronologique pour penser une histoire ? Ces deux questions sont conjointes au point de passer pour unique dans les premières œuvres de Bachelard.

Ajoutons que dans cette conjonction, c'est l'aspect historique qui paraît dominant à raison de sa forme paradoxale ; l'effet du long travail théorique de Bachelard sera de démontrer que seule une réponse à la question épistémologique peut donner les éléments pour penser rigoureusement la question historique. C'est donc à une désintrication efficace qu'il nous est donné d'assister.

---

1. Gabriel Lamé, mathématicien et ingénieur, né en 1795, mort en 1870. Bachelard organise toute son *Étude sur la propagation thermique dans les solides* autour des *Leçons sur la théorie analytique de la chaleur*.

Ce serait sans doute faire injure à la Philosophie de confronter la liste de ses productions entre 1913 et 1927 à celle des travaux scientifiques de la même période.

On ne trouverait rien; rien de nouveau; rien, en tout cas, dont la nouveauté pose ou résolve la même question que les nouvelles théories physiques. Cette disparité Gaston Bachelard l'a ressentie comme d'autant plus scandaleuse que les savants mettaient en jeu dans leur propre activité des notions qui figurent aussi dans la Philosophie; on pourrait dire : dont vit la Philosophie depuis qu'elle existe. Telles sont par exemple les notions de réalité, de matière, d'espace, de temps... Il apparaît à Bachelard que ces notions sont l'objet d'un double traitement; elles fonctionnent dans deux systèmes de concepts hétérogènes.

C'est déjà ce double traitement qu'examine attentivement la Thèse principale de 1927 intitulée : *Essai sur la connaissance approchée*. Retenons-en pour l'instant que Bachelard s'y attache à montrer comment, lorsqu'ils fonctionnent dans le discours scientifique, ces concepts sont susceptibles de déterminations précises, de variations fines, de rectifications fécondes...

Il montre par ailleurs :
– que la Philosophie utilise ces concepts comme si la science n'en disait rien, ou comme si ce qu'elle en dit ne l'intéressait pas;
– que la Philosophie, lorsqu'elle se donne la science pour objet, vise une science idéale, très différente de la science telle qu'elle existe effectivement. Selon une expression qu'il utilisera dans *La formation de l'esprit scientifique*, on y voit que « toute Philosophie a sa science à elle »[1].

Réfléchissant sur une Mathématique et une Physique qui n'avaient pas le caractère révolutionnaire de celles qui étaient en train de voir le jour, il respectait dès ce moment la devise qui devait rester la sienne jusqu'à la fin : « Se mettre à l'école des sciences ». Il avait la conviction que des notions philosophiques

---

1. *La formation de l'esprit scientifique*, Paris, Vrin, 1938, p. 55.

comme celles de la réalité et de vérité pourraient en être heureusement rectifiées.

On comprend comment ce philosophe devait faire exception. Convaincu des « intérêts philosophiques » de la pensée scientifique, par la position qu'il adoptait et dont son passé d'autodidacte, en philosophie, libre à l'égard de toute École, rend probablement compte pour une bonne part, il était d'ores et déjà en mesure de saisir le caractère révolutionnaire des nouvelles théories au seul point de vue qui puisse le faire apparaître comme tel : celui de l'homme de science.

« Un des caractères extérieurs les plus évidents des doctrines relativistes, c'est leur nouveauté », écrit Gaston Bachelard en tête de son ouvrage de 1929 : *La valeur inductive de la relativité* ; et, cinq ans plus tard, dans *Le nouvel esprit scientifique* :

> Il n'y a pas de transition entre le système de Newton et le système d'Einstein. On ne va pas du premier au second en amassant des connaissances, en redoublant de soins dans les mesures, en rectifiant légèrement les principes. Il faut au contraire un effort de nouveauté totale [1].

De ce texte qui pourrait à lui seul être l'objet d'un long commentaire, retenons pour l'instant que les théories relativistes exigent des savants un *effort* de nouveauté ; c'est un tel effort que Bachelard exigera corrélativement du philosophe.

Comment caractériser, de prime abord, la nouveauté ou, ce qui revient au même, quels sont les motifs les plus apparents de l'effort à accomplir ? Un premier élément de réponse nous est donné quelques pages plus loin dans *Le nouvel esprit scientifique* : il se produit avec la science relativiste un *éclatement des concepts* de la science newtonienne. Bachelard examine en effet

---

1. *Le nouvel esprit scientifique*, Paris, P.U.F., p. 42. On peut rapprocher de ce passage la conclusion du chapitre : « En résumé, si l'on prend une vue générale des rapports épistémologiques de la science contemporaine et de la science newtonienne, on voit qu'il n'y a pas *développement* des anciennes doctrines mais bien plutôt *enveloppement* des anciennes pensées par les nouvelles », p. 58.

une notion sur laquelle il reviendra plusieurs fois dans la suite de son œuvre, la notion de *masse.*

Il écrit :

> La Relativité a scindé la notion de masse prise sous la défi-
> nition purement newtonienne. Elle a conduit en effet à distin-
> guer entre la masse calculée le long de la trajectoire (masse
> longitudinale) et la masse calculée sur une normale à la trajec-
> toire, comme une sorte de coefficient de résistance à la
> déformation de la trajectoire (masse transversale) [1].

Cette scission du concept de masse exige un effort de conception parce que, écrit Gaston Bachelard – présentant immédiatement l'objection du philosophe sous la forme du dira-t-on – elle paraît artificielle. Elle contraint à revenir sur une notion commune que l'on croyait, à force d'évidence, *naturelle.* Ce que l'on découvre dans les deux premiers chapitres de *La philosophie du non*, c'est que la mécanique newtonienne n'obligeait pas à un tel retour. Nous vivions, en effet, dans le monde newtonien comme dans «une demeure spacieuse et claire».

Cette dissociation, désormais obligée, entre notions communes, naturelles et notions scientifiques, artificielles, sera dès lors au centre des réflexions de Bachelard.

Ses implications lui paraissent avoir un intérêt philosophique primordial ; elles sont sans doute la première des leçons que le philosophe peut prendre auprès du savant, et non la moindre.

Moins apparent, mais tout aussi instructif, lui semble être le retour sur les principes de la Physique traditionnelle qu'effectuent les doctrines de la Relativité. Ce retour prend la forme d'un *abandon.* Dans *Le nouvel esprit scientifique*, Bachelard écrit : «C'est après coup, quand on s'est installé d'emblée dans la pensée relativiste, qu'on retrouve dans les calculs astronomiques de la Relativité – par mutilations et abandons – les résultats numé-

---

1. *Le nouvel esprit scientifique, op. cit.*, p. 46 et suivantes.

riques fournis par l'astronomie newtonienne». Ce texte sur
lequel nous reviendrons plus loin, montre que le progrès scientifique s'est fait ici par mutation dans les principes; on comprend
en quel sens Bachelard a pu écrire au début de *La valeur
inductive de la relativité* que cette science était «sans anté-
cédent»[1] : c'est là le dernier mot de sa nouveauté.

Or, chose étrange et monstrueuse, la Philosophie continuait à
employer les mêmes mots, les mêmes concepts dans le même
sens qu'au temps de la science newtonienne. Bien pire, lorsqu'elle prétend réfléchir les nouvelles doctrines elle suit, comme
on le verra, la démarche inverse de celle du savant et s'acharne à
«expliquer»[2] le nouveau par l'ancien. Ce dont a conscience
Bachelard, c'est donc d'un *décalage* entre le discours que tient la
Philosophie et celui de la science nouvelle. La Philosophie, lui
semble-t-il lorsqu'elle parle de l'espace, du temps, du mouvement… (et elle ne s'en prive pas) est en retard d'une révolution
scientifique. Nous verrons que sur ce point la pensée de Gaston
Bachelard ne cessera de s'approfondir : il deviendra évident, en
particulier, à mesure qu'il disposera de nouveaux concepts épistémologiques, que la Philosophie ne pensait même pas adéquatement la mécanique newtonienne, par une nécessité qui tient à
son essence.

Mais laissons ce point pour revenir à ce moment critique où
l'instauration d'une science nouvelle rend aveuglante la discordance des deux discours. Nous avons caractérisé cette discordance comme *retard* de la Philosophie. C'est que pour Bachelard
la caractéristique fondamentale de la pensée scientifique tient
dans son *mouvement* : elle *est* mouvement. La pensée philosophique au contraire, pour des raisons profondes qui apparaîtront

---

1. *La valeur inductive de la relativité*, Paris, Vrin, 1929, p. 6.
2. Thèse centrale de la philosophie d'Émile Meyerson (1859-1933). Il a écrit,
en 1921, un ouvrage intitulé *De l'explication dans les sciences*. Nous y reviendrons
longuement au paragraphe 3 de ce chapitre.

plus tard, se verra attribuer une « tendance à l'immobilisme » ; disons, pour l'heure, qu'elle fait preuve d'immobilité.

Les deux thèses de 1927 sont à cet égard très significatives : elles ne cessent de mettre en valeur le caractère progressif, mobile de la pensée scientifique. Bachelard ne néglige aucune métaphore pour nous en rendre conscients : tantôt empruntant au vocabulaire de la biologie, tantôt – moins souvent – à celui de la stratégie. Dans l'*Essai sur la connaissance approchée*, la conceptualisation est définie successivement comme une « énergie »[1], une « force »[2], une « activité » ou un « mouvement ». Plus loin, elle est définie en termes de lutte et de combats. On voit même se croiser les deux registres à la fin de l'ouvrage où Bachelard écrit : « une connaissance vraiment dynamique, saisie dans son acte, dans son effort de *conquête* et d'*assimilation* »[3] (c'est nous qui soulignons).

Face à cette activité foisonnante, la Philosophie reste pâle et « pétrifiée »[4]. Il y a là une énigme qui hante la pensée et l'œuvre de Gaston Bachelard. Il a travaillé toute sa vie à comprendre le *pourquoi* de cette inertie et à en libérer les philosophes. Mais, dès 1927, il a les premiers éléments d'une réponse : il lui apparaît que la discordance n'a lieu qu'à raison d'une profonde ressemblance entre les deux discours. Comme nous l'avions noté, les sciences jouent des *mêmes mots* que la philosophie ; or, ces mots, écrit Bachelard dans sa Thèse, sont naturellement chargés d'ontologie. Ils charrient de l'être[5].

Tout semble se jouer ici : le philosophe lorsqu'il lit un mot a tendance à y voir un *être* ; le savant y voit un *concept* dont tout l'être se résout dans le système des *relations* où il s'inscrit. C'est tout l'*Essai* qu'il faudrait ici invoquer à l'appui de cette thèse.

1. *Essai*, Paris, Vrin, 1928, p. 19.
2. *Ibid.*, p. 24.
3. *Ibid.*, p. 25.
4. *Ibid.*, p. 243.
5. *Ibid.*, p. 59.

Nous nous contenterons d'en invoquer quelques thèmes majeurs, dont la permanence dans les œuvres postérieures est le gage de leur importance.

Telles nous paraissent être toutes les réflexions, toutes les démonstrations qui ont pour but de prouver que l'*extension* d'un concept prime sa *compréhension*. Dans *Le pluralisme cohérent de la chimie moderne*, publié en 1932, on lit : « c'est l'extension qui éclaircit la compréhension »[1]. Ce qui se convertit en norme : « il faut substituer une étude de l'extension à l'étude de la compréhension »[2]. Pour quitter la problématique de la Chimie qu'on jugera peut-être trop favorable à notre démonstration, on lit à propos des notions mathématiques dans *Le rationalisme appliqué* : « C'est en étendant à l'extrême une idée qu'on en saisit la compréhension maxima »[3] et plus loin à un autre propos : « Il y a proportionnalité entre l'extension et la compréhension d'un concept »[4]. Ces remarques, en dépit de la terminologie qu'elles empruntent, ne sont pas le fruit d'une étude de Logique formelle ; elles proviennent d'une réflexion directe sur la structure du discours scientifique.

Il nous semble que la mise en valeur, constante dans les deux thèses, de la notion *d'ordre de grandeur*, est à mettre au compte de ce même souci d'assurer la primauté de la relation sur l'être. Ainsi peut-on lire dans l'*Essai* :

> A l'école de la science, on apprend à penser d'accord avec l'ordre de grandeur des phénomènes étudiés. (...) L'ordre de grandeur peut être considéré comme une première vérification. Il est même souvent à lui seul une preuve suffisante. Non seulement il justifie une méthode, mais, quelque aberrante que soit l'atmosphère qui l'entoure, il apparaît comme le, signe d'une existence, marque décisive de la foi

1. *Essai.*, *op. cit.*, p. 61.
2. *Ibid.*, p. 99.
3. *Le rationalisme appliqué*, Paris, P.U.F., p. 94.
4. *Ibid.*, p. 125.

ontologique du physicien d'autant plus frappante que l'imprécision de l'être dessiné est plus grande [1].

Texte remarquable en ce qu'il accuse un déplacement de l'ontologie, chez le Physicien, de l'être sur la relation.

Déplacement corroboré par les développements ultérieurs de la Physique, puisqu'on peut lire dans un article des *Recherches Philosophiques* (1933) intitulé : « Noumène et Microphysique » [2], cette proposition qui conclut une démonstration : « La substance de l'infiniment petit est contemporaine de la relation ». Il est ainsi arrivé à Gaston Bachelard de proposer le mot *d'exstance* pour remplacer le mot de substance, selon lui inutile et dangereux [3] ; nous y reviendrons.

Corrélativement d'autres notions, autrefois considérées comme « premières » comme la notion de simplicité se trouvent déclassées par cette promotion de la relation et de l'ordre. Ainsi, dans *Le nouvel esprit scientifique* est-il écrit : « En réalité, il n'y a pas de phénomène simple, le phénomène est un tissu de relations », alors que dans l'*Essai* il était déjà indiqué que la simplicité est fonction de l'ordre d'approximation envisagé [4]. Tout se résume dans cette phrase lapidaire d'un autre article des *Recherches Philosophiques* (1931) intitulé : « Le monde comme caprice et miniature » [5] : « Au commencement était la Relation ».

1. *Essai, op. cit.*, p. 78.

2. Repris dans G. Bachelard, *Études*, Paris, Vrin, 1970, p. 13.

3. Par exemple, dans *La philosophie du non*, Paris, P.U.F., 1940, p. 32, et, plus tard, dans *Le rationalisme appliqué*, où il écrit : « … si l'on compare la pensée du physicien contemporain et celle du physicien du xviiie siècle, on reconnaît que l'ancien qualificatif d'électrique conviendrait assez mal à l'électron : l'électron n'est plus électrique dans le sens où les fluides du xviiie siècle étaient dits électriques. La centralité de la notion marqué par le qualificatif électrique s'est déplacée. L'électron n'est plus vraiment une substance électrique, c'est très exactement une exstance », p. 39.

4. *Essai, op. cit.*, p. 101 et suivantes. Il écrit notamment : « Ainsi la simplicité ne saurait à aucun titre être la preuve de la réalité d'une loi. Elle n'est qu'un point de vue du connaître et, au sein même de la connaissance, elle est toute relative ».

5. Repris dans G. Bachelard, *Études*, Paris, Vrin, 1970.

Or, nous l'avons vu, là où il n'y a vraiment qu'un système de relations, les mots induisent l'idée qu'il y a des êtres. Ce par quoi la Philosophie se laisse séduire, en les prenant pour argent comptant. Les Philosophes ne savent pas lire les savants. Ils ne voient pas que les sciences secrètent de la philosophie qui n'est pas nécessairement celle de leurs énoncés mais plutôt celle de leurs balbutiements, leurs hésitations, et en définitive de leurs progrès. Pour Gaston Bachelard, il incombe à l'épistémologue d'aller au secret des sciences, de découvrir ce que l'ontologie spontanée du langage oblitère en partant de ce principe qui restera une des pierres angulaires de sa philosophie : un *mot* n'est pas un *concept*; ce qui requiert la définition du concept par sa fonction dans un système de relation inter-conceptuelles.

Ainsi, d'un pourquoi nous voici rejeté à un autre pourquoi : pourquoi cette méprise de la philosophie ? Par quelle aberration, par quel vice interne est-elle condamnée à ne rien entendre au discours scientifique ? Autre forme de cette question : faut-il désespérer de la philosophie ? La réponse que Bachelard nous permettra d'y apporter engage à la fois le statut de la Philosophie, la nature de la connaissance scientifique et la fonction de la nouvelle épistémologie.

Nous avons voulu montrer que le principe de cette question – et partant de sa réponse – tient à ce dont Bachelard a *conscience*, et qu'il considère comme un *symptôme* : l'incapacité de la philosophie à saisir le nouveau comme problème est pour lui l'indice d'un défaut de sa constitution. En d'autres termes : l'effet le plus visible de la carence épistémologique de la philosophie est son impuissance à penser l'Histoire des Sciences telle qu'on la vit au début du XXe siècle : bouleversée, révolutionaire, en pleine mutation.

Dès le premier pas – sous une modalité très particulière – épistémologie et Histoire des Sciences sont liées dans la pensée de Bachelard. Elles le sont par nécessité, encore que le système de concepts qui rend compte de cette nécessité ne soit pas encore élaboré.

LE DÉPLACEMENT PHILOSOPHIQUE

Si l'homme de science voulait poser la question philosophique qu'il tente chaque jour de résoudre dans sa propre pratique, il la formulerait sans doute ainsi : « A quelles conditions la connaissance que je produis sera-t-elle scientifique ? » Si le philosophe voulait s'en faire écho, il transcrirait : « Quels sont les fondements de la connaissance scientifique ? ». Il y a fort à parier que le savant souscrirait à ce deuxième énoncé. Pourtant la question n'est pas la même ; c'est à une véritable *substitution* qu'a procédé le philosophe. Allons plus loin : d'avoir posé *sa* question interdira à jamais au philosophe de répondre à celle du savant.

C'est, à notre sens, ce jeu subtil effectué à l'abri des mots que Gaston Bachelard a su déceler. C'est ce subterfuge de la philosophie qu'il n'a cessé de dénoncer. Car c'est bien elle la Coupable qui, en dernière analyse, induit l'homme de science en erreur là même où il aurait pu la redresser. Tel est le secret du destin qui lie la philosophie des philosophes à la philosophie spontanément peu clairvoyante des savants. On ne le saisit que si l'on voit que cette *spontanéité* est, pourrait-on dire, un produit d'*importation*.

On dirait volontiers, comme Lénine à d'autres propos (dont on pourrait démontrer qu'ils ne sont pas si étrangers qu'il paraît au nôtre) : « Il y a spontanéité et spontanéité ». Il y a, en effet, à côté de celle que nous venons de décrire, celle qui permettait d'énoncer la question initiale. Elle engageait à poser le problème de la *constitution* du savoir scientifique, de, son organisation, de ses *principes*.

Ces problèmes sont, en gros, ceux qu'affronte l'épistémologie bachelardiene, fidèle à la pensée scientifique. Elle s'interdit de poser la question des fondements de la connaissance ou des *garanties* du savoir que la philosophie traditionnelle pense sous celle de la dualité de l'Univers et de l'Esprit. C'est que ces deux dernières n'ont aucun sens au regard de l'activité du savant en tant que tel.

Il restera, suivant Gaston Bachelard, à se demander quelle étrange perversion pousse la philosophie à détourner de leur signification les questions de l'homme de science. Contentons-nous pour l'instant de constater, avec lui, que le problème philo-sophique de la connaissance est formulé à la faveur d'un *déplacement* du problème philosophique de la connaissance scientifique.

Ce déplacement se fait sous la condition d'une distinction préalable entre Univers et Esprit, ou encore Réel et Pensée. Cette distinction est le fait de la philosophie. Or, c'est à son bien-fondé que Bachelard s'en prend ; elle revient, à ses yeux, à établir un hiatus imaginaire à la place du trait d'union qui relie la Physique aux Mathématiques. Le mystère de cette opération fait l'objet d'une élucidation prolongée dans l'œuvre de Bachelard. Expli-citée au début du *Nouvel esprit scientifique*, elle est exprimée de façon remarquable dans la première page du *Rationalisme appliqué* : au « dialogue de l'expérimentateur pourvu d'instru-ments précis et du mathématicien qui ambitionne d'informer étroitement l'expérience », répond, dans la Philosophie, la dis-pute du Réaliste et du Rationaliste. Les premiers échangent des renseignements, les seconds des arguments. Pitoyable situation de la Philosophie, où la dispute n'est jamais close faute d'une entente possible entre les interlocuteurs. Chacun est de son bord, l'un tenant pour la Pensée, l'autre pour le Réel.

Ce point nous semble fondamental, non seulement parce qu'il fait l'objet d'une méditation ininterrompue de Bachelard entre 1927 et 1953, mais parce qu'il nous donne ausi accès à ce qui, pour lui, fait l'essence de la pensée scientifique et nous permet d'entrevoir l'essence de la philosophie. Nous pensons en effet que la persistance pendant un quart de siècle de sa polé-mique contre ce, qu'il appelle « le Réalisme » – terme dont on voit varier l'acception d'un empirisme sensualiste à un réalisme de l'essence de type-platonicien – que l'obstination qu'il met à réfuter Meyerson – dont le nom figure encore dans ses textes de 1953, plus de trente ans après « Identité et Réalité » – ne peuvent se comprendre que si l'on voit que Bachelard y dénonçait *l'essence de la philosophie.*

Le couple conceptuel initial instauré par la Philosophie peut se lire : Réel/Pensée ou : Être/Connaissance ou encore : Raison/ Expérience ; mais aussi : Être/Pensée ou Réel/Connaissance, ou telle combinaison que l'on voudra. On les trouve à peu près toutes en accusation dans l'œuvre de Gaston Bachelard. Dans chacun des couples, les deux termes se font face : le problème « philosophique » consiste à les relier. On cherchera donc le fondement de l'un dans l'autre.

Or, il y a deux possibilités et deux seulement : ou l'on cherche le fondement de la Connaissance dans l'Être, de la Pensée dans le Réel, et l'on est d'une façon ou d'une autre « réaliste » ; ou l'on cherche le fondement de l'Être dans la Pensée et l'on est d'une façon ou d'une autre « idéaliste ». La pensée de Bachelard se bat sur ces deux fronts ; ce qu'elle donne à voir, c'est que l'avantage ne revient ni aux uns ni aux autres : c'est le couple lui-même qui est à rejeter.

Une fois la distinction initiale établie, le champ de la philosophie est ouvert ; elle n'a de cesse d'y produire d'autres couples de concepts ; énumérons ceux dont Bachelard fait, plus spécialement, un objet de réflexion [1] : sujet/objet, concret/abstrait, donné/construit, naturel/artificiel, intuition/déduction, richesse/ pauvreté... Avant de suivre l'analyse bachelardienne dans le détail, prenons sur nous de pousser l'énumération jusqu'à son terme qui en délivrera le sens ; il nous semble que l'on peut formuler ainsi le dernier des couples : *philosophie/science*, où « philosophie » figure du côté où se trouvent aussi l'intuition, le donné, le concret, la richesse ; au contraire, la science sera dite abstraite, artificielle, pauvre.

Dans son Discours de 1949 sur « Le Problème Philosophique des Méthodes Scientifiques » [2], Bachelard, disait : « Si un philosophe parle de la connaissance, il la veut directe, immédiate, intuitive », et il ajoutait : « L'homme de sciences, à la pensée si

---

1. Se reporter à l'*index* pour trouver les textes majeurs concernant ce point.
2. Discours prononcé au Congrès d'Histoire des Sciences (1949).

opiniâtre et si ardente, à la pensée si vivante, est donné comme un homme abstrait ». On pourrait citer bien d'autres textes à l'appui de celui-ci ; posons-lui plutôt une question : « Qui place la philosophie dans cette situation confortable de prise directe sur le réel ? ». Réponse : un philosophe.

Ainsi se révèle le sens de la distinction initiale ; et se dévoile, du même coup, une opération singulière et constitutive de la philosophie par laquelle elle pense la distinction Être/Pensée sous la domination du couple hiérarchisé : Philosophie/Science. Nous allons montrer, dans les textes, que Gaston Bachelard a *découvert* que la philosophie n'établissait le premier couple que pour assurer le fondement du dernier.

Au début de *La formation de l'esprit scientifique*, on peut lire : « Nous nous proposons, dans ce livre, de montrer [le] destin grandiose de la pensée scientifique abstraite. Pour cela nous devrons prouver que *pensée abstraite* n'est pas synonyme de *mauvaise conscience scientifique*, comme semble l'indiquer l'accusation banale » [1]. Dans l'affaire, la Philosophie est à la fois juge et partie : c'est elle qui accuse et qui énonce la loi dont, à y contrevenir, le savant garde mauvaise conscience. Ce passage suffirait à prouver que l'ultime couple est bien la vérité du troisième (abstrait/concret).

Dans *L'activité rationaliste de la physique contemporaine*, une longue réflexion sur la constitution notionnelle du magnéton de Bohr trouve sa conclusion dans ce texte ardent :

> Quel nœud de notions premières ! quel singulier enrichissement du principe corpusculaire ! En méditant sur cette structure notionnelle ; le philosophe aurait une belle occasion pour réformer le jugement où il dénonce le caractère *abstrait* de la pensée scientifique [2].

1. *La formation de l'esprit scientifique*, *op. cit.*, p. 6.
2. *L'activité rationaliste de la physique contemporaine*, Paris, P.U.F., 1951, p. 167.

Il est clair ici que l'effacement, au niveau de la pratique scientifique moderne du couple Réel/Pensée, aurait pour effet d'inverser le rapport : Philosophie/Science. En d'autres termes, nous avons là une démonstration de notre thèse en sens inverse du premier texte cité. On pourrait multiplier les exemples : le couple abstrait/concret est partout présent ; partout remis en cause comme le biais favori du philosophe pour affirmer sa supériorité sur le savant.

Nous verrons qu'une des tâches de l'épistémologie bachelardienne sera de renverser ces couples, de les distordre, pour en montrer l'inanité ; sans trop anticiper sur les développements ultérieurs, nous verrons Bachelard affirmer tantôt la concrétisation de l'abstrait, tantôt la déréalisation du réel, ou encore la construction du donné, et, en revanche, la valeur intuitive du construit...

On lit dans l'*Essai sur la connaissance approchée* :

> Le donné est relatif à la culture, il est nécessairement impliqué dans une construction. (...) Il faut qu'un donné soit reçu. Jamais on n'arrivera à dissocier complètement l'ordre du donné et la méthode de sa description (...). Il y a entre ces deux termes – qui représentent pour nous l'opposition minima de l'esprit et du réel – des réactions constantes qui soulèvent des résonances réciproques [1],

ce que Bachelard reprend de façon lapidaire dans *La valeur inductive de la relativité* : « Quand un donné est reçu, il est déjà compris » [2]. Encore une fois, il s'agit de disqualifier un couple typique de la philosophie. On en aurait la preuve constamment, dans deux passages de *L'activité rationaliste de la physique contemporaine* : la science moderne, est-il écrit à la page 87, efface la notion de donné « si traditionnellement reçue dans la Philosophie » et plus loin : « La notion philosophique tradi-

---

1. *Essai, op. cit.*, p. 24.
2. *La valeur inductive de la relativité, op. cit.*, p. 241.

tionnelle de *donné* est bien impropre pour caractériser le *résultat* des laborieuses déterminations des valeurs expérimentales »[1]. Enfin, si l'on voulait achever la démonstration, on citerait ce passage du *Pluralisme cohérent de la chimie moderne*, ouvrage paru en 1932 : « On a tendance à attribuer au *donné* une diversité inépuisable… *diversité* prodigieuse et gratuite, multipliée aussi bien dans les formes que dans les substances »[2], où l'on voit bien qu'avec le donné, c'est la richesse que s'attribue en fait la Philosophie.

Mais qu'on nous accorde de prendre occasion de ces exemples pour avancer quelques remarques justificatives, à nos yeux du moins, de la méthode de lecture que nous employons. Une chose est claire en effet : dans le texte de Bachelard, la philosophie n'est jamais présente en personne, jamais exposée pour elle-même. On ne la voit paraître qu'en acte dans les objections ou les reproches qu'elle fait à la connaissance scientifique. Voilà qui confirme ce que nous disions de l'architecture du discours de Bachelard. Ajoutons que, par principe, les notions philosophiques sont isolées par Bachelard puis transportées hors du système qui leur a donné naissance dans des domaines qui leur sont étrangers, où elles sont littéralement et visiblement « dépaysées ». On pense, par exemple, à l'usage si étrange – et si scandaleux, probablement, pour un kantien – qu'il fait de la notion de « noumène ». Nous en tirons cette leçon : dans le texte de Gaston Bachelard, c'est souvent sur *un seul mot* que se joue le sort de toute une philosophie.

Entre les couples conceptuels institués par la philosophie, qui doit bien *reconnaître* l'existence et la validité – si minime soit-elle – de la connaissance scientifique, il s'agit d'établir une harmonie. C'est l'office de la notion de *vérité*. Concept philosophique par excellence qui tient lieu dans le champ de la pensée philosophique de la notion scientifique d'objectivité, en

1. *L'activité rationaliste de la physique contemporaine*, *op. cit.*, p. 124.
2. *Le pluralisme cohérent de la chimie moderne*, Paris, Vrin, 1932, p. 11.

la déplaçant. C'est un point sur lequel nous reviendrons; contentons-nous de poser ici la question : *qui* dira la vérité? encore une fois : le philosophe; puisqu'il est du côté du réel, que le réel se donne à lui sans médiation, puisqu'il est d'emblée dépositaire de l'unité du couple. Il pourra, lui, l'homme du moindre effort, juger l'«héroïque travail de l'homme de science».

En termes de psychologie, Bachelard nous invite à lire dans cette notion de vérité toute la «suffisance» du philosophe. En d'autres termes : la philosophie instaure un système de concepts où elle se suffit à elle-même; elle y est elle-même législatrice, y ordonne les degrés de connaissance en s'autoplaçant au sommet de la hiérarchie qu'elle fonde.

Nous voudrions montrer, pour terminer, qu'un problème particulier cristallise toutes les oppositions. La conjoncture théorique en avait fait un «point de sensibilité philosophique». Il s'agit du problème des qualités, que plaçait à l'ordre du jour l'apparition de la micro-physique qui remettait en cause, comme on l'a déjà vu; les données de la sensibilité.

Dans *Le matérialisme rationnel*, Bachelard écrit : «On défie le savant de connaître la matière «dans son fond». Au *quantitativisme* de la matière s'oppose alors un *qualitativisme*. Et le philosophe prétend que des intuitions toutes en nuances peuvent seules nous faire toucher la qualité. Il saisit la qualité dans son essence, comme on goûte un vin fin. Il vit les nuances. Il vit «immédiatement» la qualité comme si la vie sensible sur-individualisait encore l'individualité de la matière offerte à la sensation»[1]. Peu nous importe ici que l'on puisse donner un nom à ce «philosophe», le plus significatif de ce texte discrètement ironique, nous paraît être l'illustration qu'il donne du statut de ce genre de philosophie. On voit dans le défi qu'elle lance au savant le revers polémique de la proposition qui la soutient, selon

---

1. *Le matérialisme rationnel*, Paris, P.U.F., 1953, p. 62.

laquelle « la science ne peut pas tout connaître »[1]. Ou, sous une forme moins discrète : que la science reste à sa place ; la philosophie a son mot à dire.

Dans le même ouvrage se trouve un texte sur lequel nous aurons l'occasion de revenir en détail : « La couleur d'une cerise, si l'on prend cette couleur comme objet d'une expérience immédiate, n'est guère plus qu'un signe de sa maturité. C'est l'expérience de la ménagère au marché… » ou encore, ajoute Bachelard, celle du peintre à son chevalet[2]. Il conclut :

> Ces expériences utilitaires ou esthétiques devraient être étudiées dans le domaine même où elles se développent, au besoin dans les échos de la subjectivité qui leur donnent la gloire facile des philosophies de l'intuition. Mais elles ne peuvent être des thèmes centraux pour le problème philosophique de l'objectivité des qualités de la matière.

Ainsi voyons-nous dans ce texte Bachelard opérer un *redressement* : aux problèmes imaginaires – et déplacés (hors de leur « domaine ») – de la philosophie traditionnelle, il substitue les problèmes qui se posent réellement dans la pratique de la science contemporaine ; un mot suffit à les caractériser : objectivité.

Nous arrêtons là les citations ; mais on pourrait trouver des textes analogues dans de nombreux ouvrages, en particulier dans *Le Pluralisme cohérent de la chimie moderne*[3] et dans *Le rationalisme appliqué*.

Nous sommes donc en droit d'affirmer que ce que Bachelard découvre, c'est que le système de concepts instauré par la philosophie a pour effet de *répéter* les problèmes réels de la

---

1. J'emprunte cette expression à Pierre Macherey qui, dans une série de conférences faites à l'École Normale Supérieure en 1967-1968, l'employait au même propos : pour caractériser les philosophies qui exploitent les difficultés des sciences à leurs propres fins.

2. *Le matérialisme rationnel, op. cit.*, p. 195.

3. Notamment : *Le pluralisme cohérent de la chimie moderne, op. cit.*, p. 34-35 et p. 72-73.

connaissance scientifique en leur faisant subir un déplacement. Le résultat – dont on s'aperçoit pour finir que c'était le *but* – de l'opération est de placer la philosophie au poste de commandement dans la hiérarchie des connaissances par elle établie.

On comprend déjà ce que Bachelard voulait dire lorsqu'il écrivait dans *Le rationalisme appliqué* : « (beaucoup) de philosophies se présentent avec la prétention d'imposer un *sur-moi* à la culture scientifique »[1]. On le verra mieux lorsqu'on aura étudié le cas particulier de la philosophie d'Émile Meyerson et celui du Réalisme.

La philosophie de l'immobile

Émile Meyerson incarne dès 1927 – et pour toujours – cette philosophie prétentieuse qui se fait gloire de la pérennité de ses questions et entend soumettre à ses décrets la connaissance scientifique. Dans la Préface à son ouvrage consacré à la Relativité, et qui est intitulé : *La déduction relativiste*, Meyerson écrit : « Il s'agit de tirer des théories relativistes des informations sur les principes du raisonnement scientifique en général »[2], autrement dit : faire quitter à ces théories le domaine des questions précises où elles ont vu le jour, et qui leur donne sens, pour des « généralités » où règne la philosophie. On peut lire plus loin dans le même ouvrage cet aveu déguisé :

> Contentons-nous de conclure que le savant devra soigneusement, en cette matière, se garder de la tentation, qui l'obsède constamment, de trop empiéter sur le domaine du philosophe ; car tout homme, le savant y compris… fait de la philosophie comme il vit[3].

1. *Le rationalisme appliqué*, *op. cit.*, p. 79.
2. Meyerson, *La déduction relativiste*, p. xv.
3. *Ibid.*, p. 76.

Contentons-nous, à notre tour, de noter que la modestie des termes ne saurait masquer l'ambition du propos : établir la législation de la philosophie. Remettons à plus tard l'examen de la proposition finale qui trouve, chez Bachelard, un écho bien différent.

À *La déduction relativiste*, répond, cinq ans plus tard, en 1929, *La valeur inductive de la relativité*. La réfutation ne saurait être plus claire ; parfois, c'est un titre de chapitre qui répond à Meyerson : ainsi le dernier chapitre de l'*Essai* intitulé « Rectification et réalité » fait face à l'ouvrage de 1907 : *Identité et Réalité*. Souvent l'opposition se fixe sur une phrase, une expression qui dit reprise et retournée par Bachelard, incidemment.

Émile Meyerson, citant un professeur belge, écrit :

> On se débarrasse de ce qui est *relatif* aux divers observateurs pour atteindre *l'absolu*, représenté ici par une distance. Tous les observateurs étudieront le même espace géométrique, et c'est dans ce décor placé une fois pour toutes que se dérouleront les phénomènes physiques.
>
> C'est là, [continue Meyerson] une remarque éminemment propre à nous faire toucher du doigt à quel point le processus de pensée auquel obéissent les relativistes est conforme au canon éternel de l'intellect humain, qui a constitué non seulement la science, mais, avant elle, le monde du sens commun. En effet, ce monde d'invariants absolus, placé dans le décor éternel de l'espace, n'est pas seulement le monde de la mécanique de Galilée et de Descartes, il est encore celui de notre perception immédiate[1].

Ce texte est caractéristique et instructif : il faudrait en prendre le contre-pied sur tous les points pour saisir la pensée de Bachelard… et aussi l'essence de la théorie de la Relativité, car il est une belle illustration de cette science de philosophe que n'a cessé de dénoncer Gaston Bachelard. Remarquons, pour notre propos, qu'on voit bien en quel sens et sous quelle condition

---

1. Meyerson, *La déduction relativiste*, p. 69.

Meyerson peut parler de « déduction » relativiste : il faut avoir préalablement posé l'existence « d'un canon éternel de l'intellect humain » pour affirmer, corrélativement, qu'il y a *continuité* entre science et monde du sens commun, sous réserve d'une *réduction* de l'espace à un « décor ». L'effet visible de ces processus intraphilosophiques dans la conjoncture historique, c'est de méconnaître la « nouveauté » de ces théories relativistes. Dans le même livre, Meyerson affirme qu'il « ne saurait douter de la continuité étroite entre cet avatar le plus récent des théories scientifiques et les phases qui l'ont précédé »[1].

Mais voici le fond de l'affaire : « Le réel de la théorie relativiste est, très certainement, un absolu ontologique, un véritable être-en-soi, et plus ontologique encore que les choses du sens commun et de la physique pré-einsteinienne »[2]. L'ivresse ontologique de ce texte ne saurait masquer la difficulté qu'éprouve Meyerson à sauvegarder les absolus ; il lui faut, comme dit Gaston Bachelard quelque part, « des trésors d'érudition et de patience ». Toute une partie de l'ouvrage, bien étrange, il faut le dire, pour un lecteur de Bachelard, est consacrée à des conjectures – parées du titre prometteur de « Vues d'avenir » – sur un retour possible aux conceptions « classiques » de l'espace et du temps. Émile Meyerson avoue : « La Raison doit se faire violence à elle-même pour s'adapter aux formes que lui impose le Relativisme »[3]. Je propose de mettre en regard de ce texte, celui du *Nouvel esprit scientifique*, où Bachelard écrit : « L'esprit a une structure variable dès l'instant où la connaissance a une histoire »[4]. Nous pourrions dire que les principes de la philosophie de Meyerson ce sont les absolus de la Raison, alors que Gaston Bachelard, à la suite de Georges Bouligand, proclamait le temps venu du « déclin des absolus ».

1. Meyerson, *La déduction relativiste*, p. 71.
2. *Ibid.*, p. 79.
3. *Ibid.*, p. 366.
4. *Le nouvel esprit scientifique*, *op. cit.*, p. 173.

> Le postulat implicite qui explique la prédominance de la mesure dans la science physique est la conviction profonde de l'intelligibilité du réel, [écrit Meyerson] mais, [objecte-t-il] c'est là une opinion insoutenable. Rien n'est plus manifeste que le fait que notre intellect, en nulle occasion, ne se contente d'une simple description du phénomène, qu'il va toujours au-delà, et que la connaissance à laquelle il vise n'est pas purement extérieure et uniquement destinée à faciliter l'action, mais une connaissance intérieure, lui permettant de pénétrer le véritable être des choses[1].

Le monde du sens commun, déjà, n'est qu'une étape sur cette voie. Laissons de côté la conception purement descriptive de la science qui se manifeste dans ce texte, pour remarquer que nous tenons-là le dernier mot – selon Gaston Bachelard – des philosophies de ce type : la dépréciation systématique de la connaissance scientifique au profit d'un autre genre de connaissance dont elle affirme qu'il est plus profond parce que plus immédiat. Ce que nous résumions dans la proposition : « La science ne peut pas tout connaître ».

Remarquons, enfin, que par nécessité, une philosophie qui affirme l'unité et l'éternité de la Raison, qui cherche dans les catégories de la Pensée le garant de la connaissance scientifique, doit établir d'une façon ou d'une autre la continuité du monde du sens commun et de celui de la science[2].

Au-delà d'Émile Meyerson, c'est tout un courant philosophique qui est visé sous le nom de « réalisme ». Nous en trouvons la définition suivante et provisoire dans *La valeur inductive de la relativité* :

> Nous appelons réalisme toute doctrine qui maintient l'organisation des impressions au niveau des impressions elles-mêmes, qui place le général après le particulier, qui croit,

---

1. Meyerson, *La déduction relativiste*, p. 13.
2. C'est le sort de toute la Philosophie classique, à l'exception de celle de Spinoza.

par conséquent, à la richesse prolixe de la sensation indi-
viduelle et à l'appauvrissement systématique de la pensée
qui abstrait[1].

Tous caractères qu'on peut strictement appliquer à la
doctrine meyersonienne. À l'extrême opposé de cette stricte
définition, on trouve dans le dernier grand ouvrage d'épistémologie de Bachelard la thèse suivante : « Toute philosophie,
explicitement ou tacitement, avec constance ou subrepticement,
se sert de la *fonction réaliste*. Toute philosophie dépose, projette
ou suppose une réalité[2].

Nous pensons qu'il est d'une extrême importance de mesurer
l'écart dont ces deux textes sont les témoins. Cela revient, selon
nous, à passer de la définition du réalisme comme doctrine philosophique à sa reconnaissance comme fonction épistémologique.
Nous sommes, par là-même, invités à repérer et à réfléchir
les variations qui se produisent sur le terme de « réalisme »
dans le texte de Bachelard. Non pour la satisfaction – en soi déjà
légitime – d'y fixer la ou les acceptions d'un mot, mais avec
l'idée que ce que nous trouverons vaut effectivement pour toute
philosophie.

Nous prétendons démontrer qu'il s'agira là de la dernière des
reconnaissances ; celle qui libérera la pensée scientifique des
représentations déformées que la philosophie en donnait, et dans
lesquelles elle pensait se réfléchir. L'essence de la pensée scientifique va donc apparaître ; mais aussi, sera précipitée – si l'on
peut dire – l'essence de la philosophie, et promues à la lumière,
les tâches d'une nouvelle discipline.

Il nous a semblé, à la lecture des textes, que le problème
(philosophique) du Réalisme était posé par Bachelard à propos
de trois notions (scientifiques) précises : la notion *d'objet*, celle
d'expérience, et celle de *donné*. Ces notions sont le lieu, dans son
œuvre, d'un jeu et d'un travail constant. C'est qu'elles font partie

1. *La valeur inductive de la relativité*, *op. cit.*, p. 206.
2. *Le matérialisme rationnel*, *op. cit.*, p. 141.

du langage apparemment commun au savant et au philosophe. Il est clair, en effet, que les notions de Réel et de Raison, de Nature et d'Esprit… n'interviennent pas en personne dans l'activité du savant; elles sont extérieures à la pratique du savant et il ne leur accorde crédit qu'au moment où, quittant le laboratoire, il se pose des questions qu'il sait philosophiques sur son propre travail[1].

Mais les notions d'expérience, d'objet et de donné sont à la fois intra-scientifiques et philosophiques. Nous entendons prouver comment Bachelard a saisi qu'elles étaient le lieu de glissements incessants, le biais par lequel la philosophie intervenait de façon subreptice dans la pratique de la connaissance scientifique. Il s'y produit une *lutte* entre des forces contradictoires antagonistes. En quoi ces notions sont littéralement « cruciales ».

Au début de *L'activité rationaliste de la physique contemporaine* on lit : « La notion d'objet nous semble bouleversée par le déplacement réclamé par la microphysique »[2]. Si l'on veut savoir quelle est au juste la nature de ce déplacement on peut lire par exemple dans *La dialectique de la durée*, ouvrage paru en 1936, deux ans après *La pensée et le mouvant* qu'il réfute : « Nous avons atteint un niveau de la connaissance où les objets scientifiques sont ce que nous les faisons, ni plus ni moins… Nous *réalisons* par degrés notre pensée scientifique »[3] ou encore dans *La formation de l'esprit scientifique* :

> l'objet ne saurait être désigné comme un *objectif immédiat*; autrement dit, une marche vers l'objet n'est pas initialement objective. Il faut donc accepter une véritable rupture entre la connaissance sensible et la connaissance scientifique[4].

---

1. Louis Althusser proposait récemment (Conférences à l'École Normale Supérieure, 1967-1968) de distinguer entre la « philosophie spontanée du savant » et sa « conception du monde ». Il nous semble que cette distinction rend bien compte de celle que Gaston Bachelard met ici en œuvre sans la thématiser.

2. *L'activité rationaliste de la physique contemporaine*, *op. cit.*, p. 16.

3. *La dialectique de la durée*, Éditions Boivin, 1936, p. 63.

4. *La formation de l'esprit scientifique*, *op. cit.*, p. 239.

Par le jeu de mots qu'il nous propose (objet-objectif), Bachelard, comme toujours, nous invite à nous méfier de l'onto-logie spontanée du langage. Il nous met en situation de nous en déprendre. C'est à ce point que Gaston Bachelard, conscient de ce que « les anciens mots ne sont pas suffisants pour tout dire »[1] tente d'en inventer de nouveaux. Ainsi, dans *La philosophie du non*, il propose la notion de *sur-objet*. Il le définit ainsi : « Le sur-objet est le *résultat* d'une objectivation critique, d'une objecti-vité qui ne retient de l'objet que ce qu'elle a critiqué »[2].

Déjà dans *Le nouvel esprit scientifique*, il avait essayé par un autre jeu de mots de nous sortir de la spontanéité du langage : « Au-dessus du *sujet*, au-delà de *l'objet* immédiat, la science moderne se fonde sur le *projet* »[3]. Mais, prisonnier du destin de ceux qui veulent dire quelque chose de nouveau, et qui doivent bien, pour se faire entendre, employer le langage commun, il abandonne dans *Le matérialisme rationnel* les néologismes des premières années et utilise un autre procédé – courant dans son œuvre – que nous appellerions volontiers : la « qualification dis-qualifiante » : au lieu de dire objet, Bachelard écrira : « objet second ». Le qualificatif « second », ayant pour effet de mettre hors-jeu toutes les implications empiristes qu'on aurait pu glisser sous le mot : objet. Il écrit, reprenant la discussion sur la repré-sentation tétraédrique du carbone : « Comme on va le voir, le débat se fait décidément à l'égard d'un objet sans valeur réalis-tique directe dans l'expérience commune, d'un objet qu'il faut désigner comme un *objet second*, d'un objet qui est précédé de théories »[4]. Et il ajoute, justifiant notre insistance : « Nous répé-tons inlassablement ces observations philosophiques puisque nous prétendons soutenir la thèse d'une rupture entre la connais-sance scientifique et la connaissance commune ».

---

1. *Le rationalisme appliqué*, *op. cit.*, p. 134.
2. *La philosophie du non*, *op.cit.*, p. 139.
3. *Le nouvel esprit scientifique*, *op. cit.*, p. 11.
4. *Le matérialisme rationnel*, *op. cit.*, p. 142.

Ce que Bachelard découvre ici c'est que lorsqu'un savant et un philosophe prononcent le mot objet, lorsqu'ils le font entrer dans leur discours, ils ne parlent pas de la même chose, ou, pour mieux dire : la philosophie parle d'une *chose* et le savant parle d'un *résultat*. On comprend que Bachelard ait pu écrire dans *Le matérialisme rationnel* : « *L'objet* ne s'institue qu'au terme d'un long processus d'objectivité rationnelle »[1]. Proposition à la rigueur incompréhensible pour un Philosophe. On pourrait sur ce point caractériser ainsi le « travail » de la philosophie : elle prend pour thème l'objet-résultat, concept scientifique, et l'insère dans le couple philosophique sujet/objet. Ce qu'elle en dit ne vaut plus que pour l'objet-chose du discours philosophique.

La même démonstration pourrait être répétée à propos de la notion d'expérience, ou de celle de donné ; ou encore des notions dérivées d'observation, de faits, etc. On en tirerait les mêmes conclusions : la philosophie joue sur ces mots pour gommer, combler la discontinuité qu'il y a entre l'expérience commune immédiate – le vécu – et les productions de la pensée scientifique. Elle dégage des concepts qui ont, comme tels, un sens par la place qu'ils occupent dans le système de la pensée scientifique, elle les réduit à n'être plus que des mots qui s'insèrent comme tels dans son vocabulaire et qui servent à donner le change. Reconnaître pour l'annuler l'essentiel progrès de la connaissance scientifique, tel est le procédé constant du Philosophe.

Mais nous avons fait un pas de plus : il est clair maintenant que le critère de la pensée scientifique ne saurait être cherché dans un objet extérieur à la connaissance, fiction philosophique de type hallucinatoire. Le terrain solide, le seul quand on est convaincu, comme Gaston Bachelard, de l'éminente progressivité de la pensée scientifique, c'est le processus d'objectivation que la Philosophie manquait à penser.

Mais, penser la connaissance scientifique comme processus, c'est déplacer les questions traditionnelles ; c'est s'interdire de

---

1. *Le matérialisme rationnel*, p. ???.

penser « La Connaissance » sans spécification ; c'est refuser d'admettre qu'une connaissance puisse toucher sans médiation l'être même ; c'est en fin de compte affirmer que l'essentielle discursivité de la connaissance scientifique est le gage de son objectivité.

Nous allons voir rapidement, pour terminer, comment le changement de terrain auquel nous venons d'assister retentit sur la notion philosophique de vérité. On pourrait ainsi définir ce contre-coup : son effet est de faire apparaître la notion de vérité comme philosophique. Cet effet n'est pas plutôt produit qu'il en entraîne un second : la notion d'erreur – pensée dans sa relation à celle de vérité – doit être retouchée.

De fait, Gaston Bachelard est souvent revenu sur ce point pour montrer qu'il donnait un sens tout nouveau à l'erreur. Si bien qu'on a pu écrire que la positivité de l'erreur faisait partie des « axiomes » de son épistémologie[1]. On voit ici comment la question de l'erreur est en effet essentielle à son épistémologie ; elle lui est un point de démarcation vis-à-vis des Philosophes.

Dès la Thèse de 1927, Bachelard écrit : « Le problème de l'*erreur* nous a paru primer le problème de la vérité, ou mieux nous n'avons trouvé de solution possible au problème de la vérité qu'en écartant des erreurs de plus en plus fines »[2]. Dans *Le rationalisme appliqué*, il écrira :

> Si l'on pose le problème de l'erreur sur le plan des connaissances scientifiques, il apparaît très clairement, ou mieux, concrètement, qu'*erreur* n'est pas symétrique de vérité, comme le donnerait à penser une philosophie purement logique et formelle[3].

Si la pensée scientifique est un processus dont le point de départ ni le point d'arrivée ne sont ce réel « supposé, déposé, ou

---

1. Georges Canguilhem, *in* « Sur une épistémologie concordataire », *Hommage à Gaston Bachelard*, p. 5.
2. *Essai*, p. 244.
3. *Le rationalisme appliqué*, p. 58.

projeté» dont ne peut se passer la philosophie, mais un réel toujours-déjà pensé, organisé, il est clair que l'erreur n'est plus un accident sur le parcours, mais un moment essentiel, nécessaire et moteur de la connaissance. Mais aussi : il n'y a pas d'instance éternelle qui puisse décider souverainement du vrai et du faux puisque la philosophie n'a plus ce privilège. Dès lors, l'erreur n'apparaîtra comme telle qu'après rectification dans un processus historique. Nous apercevons donc, au terme de cette polémique contre le Réalisme comme philosophie idéologique de la science ou comme idéologie scientifique fondamentale, qu'avec Gaston Bachelard l'histoire s'introduit dans l'épistémologie.

Nous empruntons les termes d'idéologie philosophique ou de philosophie idéologique à un vocabulaire qui n'est pas celui de Bachelard ; mais il nous semble qu'il permet bien de rendre compte de l'extension prise, au cours de son œuvre, par le terme de Réalisme. Débordant le champ de son terrain d'origine, la notion sert progressivement à désigner toutes sortes de philosophies : l'Empirisme, mais aussi la Phénoménologie dans *L'activité rationaliste de la physique contemporaine*, l'Existentialisme mais aussi, comme on l'a vu, une philosophie purement logique et formelle. Cette extension n'a de raison d'être que la *fonction* (« la fonction réaliste ») que joue la philosophie auprès de la science ; cette fonction, comme on l'a longuement démontré, est de déplacer les concepts scientifiques à des fins qui sont extérieures à la connaissance scientifique. Il nous semble qu'on peut à proprement parler dire qu'il s'agit d'une idéologie générale de la science, au sens où Louis Althusser l'a définie. Nous osons même penser que Gaston Bachelard eût généreusement accepté ce vocabulaire en y voyant les mots nouveaux susceptibles d'exprimer adéquatement ce qu'il y avait de plus nouveau dans sa pensée.

Mathématiques et langage

Nous allons essayer de prouver qu'aux yeux de Gaston Bachelard toute conception « idéologique » de la connaissance scientifique repose en dernière analyse sur une méconnaissance du rôle et de la nature des *mathématiques*. C'est en effet un thème constant depuis l'*Essai* jusqu'aux ouvrages des années 1950 que les mathématiques ne sauraient être conçues comme un *langage* même bien fait. Cette insistance nous la tiendrons pour un *indice* : si la Philosophie, lorsqu'elle veut rendre compte de la fonction des mathématiques, dit et répète qu'elles sont une langue, ce n'est sans doute pas un hasard. Que Bachelard s'oppose constamment et radicalement à cette thèse en montrant qu'elle manque l'essentiel de la pensée scientifique, on n'y verra pas une coïncidence.

Dans *Le nouvel esprit scientifique*, Bachelard écrit :

> Ce qui peut donner lieu de penser que l'esprit scientifique reste au fond de même espèce à travers les rectifications les plus profondes, c'est qu'on n'estime pas à sa juste valeur le rôle des mathématiques dans la pensée scientifique... On a répété sans fin que les mathématiques étaient un langage, un simple moyen d'expression. On s'est habitué à les considérer comme des outils à la disposition d'une Raison consciente d'elle-même, maîtresse d'idées pures douées d'une clarté anté-mathématique. Une telle segmentation pouvait avoir un sens à l'origine de l'esprit scientifique, quand les images premières de l'intuition avaient une force suggestive et aidaient la théorie à se constituer[1].

On arrête ici ce long texte, mais c'est tout le début de ce chapitre III qui serait à commenter. La citation que nous venons d'en faire suffirait à prouver que nous n'avons pas quitté le cœur de notre problème, s'il est vrai qu'il y apparaît que l'éternité

---

1. *Le nouvel esprit scientifique*, p. 53.

d'une Raison immobile repose en dernière instance sur une certaine conception des Mathématiques.

Dans *La formation de l'esprit scientifique*, Bachelard montre comment toute la philosophie de *l'observation*, dominante au XVIIIe siècle, avait pour « leit-motiv » d'écarter les Mathématiques de la Physique. Il cite De Marivetz qui avait émis cette opinion : « Cette phrase, *calculer un phénomène* est très impropre ; elle a été introduite en Physique par ceux qui savent mieux *calculer* qu'*expliquer* »[1]. Bachelard commente ainsi :

> Il suffirait de forcer à peine les mots de cette opinion sur le rôle des mathématiques en Physique pour trouver la théorie épistémologique, sans cesse répétée à notre époque, qui veut que les mathématiques *expriment* mais qu'elles n'expliquent pas. Contre cette théorie, nous croyons personnellement que la pensée mathématique forme la base de l'explication physique et que les conditions de la pensée abstraite sont désormais inséparables des conditions de l'expérience scientifique.

On voit ici aussi, Bachelard opérer le redressement du couple philosophique abstrait/concret autour de la reconnaissance des rapports réels entre Mathématiques et Physique.

Il est intéressant de voir que dans l'*Essai sur la connaissance approchée*, Gaston Bachelard, encore prisonnier sur ce point de la phraséologie philosophique, en sent déjà toute l'inadéquation. Ainsi, l'on peut lire cette phrase étrange : « La science physique a trouvé dans les mathématiques un langage qui se détache sans difficulté de sa base expérimentale et qui, pour ainsi dire, pense tout seul »[2]. Le « pour ainsi dire » ne saurait nous cacher qu'un langage qui pense tout seul n'est précisément plus un langage aux yeux d'un philosophe classique.

L'essence des Mathématiques, pour Gaston Bachelard, tient dans leur puissance *d'invention* ; elles sont l'élément moteur du dynamisme de la pensée scientifique. Dans *La philosophie du*

1. *La formation de l'esprit scientifique, op. cit.*, p. 231.
2. *Essai, op. cit.*, p. 10.

non il écrit : « Quand on suit les efforts de la pensée contemporaine pour comprendre l'atome, on n'est pas loin de penser que le
rôle fondamental de l'atome, c'est d'obliger les hommes à faire
des mathématiques. De la mathématique avant toute chose... »[1].

Sous cette boutade, c'est la conviction la plus profonde que
nous sommes invités à lire. Dans l'article déjà cité des
Recherches Philosophiques, « Noumène et Microphysique »[2], il
développe ainsi sa pensée :

> Le réel de la Physique-Mathématique s'enrichit d'un double
> dynamisme : en l'étudiant, on a autant de chances de découvrir
> des phénomènes que des théorèmes. Il faut d'ailleurs toujours
> en venir à *réaliser* les théorèmes ainsi découverts. Pour cette
> tâche, il ne s'agit plus, comme on le répétait sans cesse au XIXe
> siècle, de traduire dans le langage mathématique les faits
> livrés par l'expérience... [En effet :] la force de découverte est
> presque entièrement passée à la théorie mathématique.

Vingt ans plus tard, les choses seront encore plus nettes :
dans *L'activité rationaliste de la physique contemporaine* on lit :
« Il faut rompre avec ce poncif cher aux philosophes sceptiques
qui ne veulent voir dans les mathématiques qu'un langage.
Au contraire la mathématique est une *pensée*, une pensée sûre de
son langage. Le physicien pense l'expérience avec cette pensée
mathématique »[3]. Pour donner à ce texte sa juste signification,
il faut voir que lorsque Bachelard écrit : « philosophes sceptiques », il ne vise pas une école de philosophie particulière mais
les philosophes en général qui sont sceptiques sur la force
d'invention des mathématiques : il faut d'autre part lui adjoindre
d'autres textes pour saisir ce que Bachelard entend par « pensée »
lorsqu'il écrit que les mathématiques sont une *pensée*. Or on
lit dans « Noumène et Microphysique »[4] : « Une bonne hypo-

1. *La philosophie du non*, *op. cit.*, p. 39.
2. Repris dans *Études*, *op. cit.*, p. 17.
3. *L'activité rationaliste de la physique contemporaine*, *op. cit.*, p. 29.
4. Repris dans *Études*, *op. cit.*, p 21.

thèse physique est nécessairement d'ordre mathématique » et dans *L'activité rationaliste* : « Les hypothèses scientifiques sont désormais inséparables de leur forme mathématique : elles sont vraiment des pensées mathématiques »[1]. On doit donc comprendre que les mathématiques fournissent le corps des hypothèses de la Physique – bref qu'elles en fournissent les théories.

Et l'on voit Bachelard exprimer clairement ce qu'il n'avait pu qu'indiquer dans l'*Essai* :

> On a trop vite dit que les mathématiques étaient un simple, langage qui exprimait, à sa manière, des faits d'observation. Ce langage est, plus que tout autre, inséparable de la pensée. On ne peut *parler* les mathématiques sans les *comprendre* mathématiquement.

Voilà ce que Bachelard, vingt ans plus tôt, essayait de dire en écrivant que les mathématiques étaient un langage qui pense tout seul.

Mais poussons plus loin la démonstration : il apparaît du même coup que ces « philosophes sceptiques » allient dans une même pensée, sans aucune contradiction, le *formalisme* des mathématiques à *l'empirisme* de l'objet. Aux mathématiques est attribué le rôle « d'instrument universel de la représentation »[2] prêt à l'avance pour tout discours. En d'autres termes, le mathématicien est un *interprète* : il substitue la forme nette de son langage à un autre langage déjà-présent mais *latent*. Pour peu qu'on sache l'entendre, le réel est parlant. Ceci engage toute une conception de la connaissance comme simple traduction, comme lecture d'un autre texte inscrit dans « le réel »[3].

Le génie théorique de Bachelard est d'avoir vu, par le biais du traitement qu'elle réserve à la pensée mathématique, que cette conception était celle de toute la philosophie antécédente.

---

1. *L'activité rationaliste de la physique contemporaine*, *op. cit.*, p. 29.
2. Nouvel emprunt à Pierre Macherey.
3. Cf., à ce propos, Louis Althusser, *Lire le Capital*, t. I.

Si cette méprise nous livre le pourquoi de bien des autres, il nous restera à en découvrir la raison. Nous verrons que cette recherche nous entraînera, à la suite de Bachelard, hors de la pensée philosophique et hors de la pensée scientifique elle-même. Mais n'anticipons pas ; nous voudrions plutôt illustrer les conclusions que nous avons pu formuler à propos des mathématiques en général par une réflexion sur une notion particulière.

Cette notion, qui joue dans la pensée de Bachelard un rôle important, est la notion mathématique *d'opérateur.* Tout le chapitre IV de *L'expérience de l'espace dans la physique contemporaine*, ouvrage paru en 1940, lui est consacré ainsi que le chapitre VIII de *L'activité rationaliste*. Cette notion permet, selon l'expression de Bachelard dans le premier ouvrage [1] de faire front sur deux bords opposés : formalisme mathématique et réalisme philosophique. On fera la « même réponse aux deux : les mathématiques dépassent en pensée inventive aussi bien les conventions que les expériences ».

Ce que le formalisme tient pour une « forme » doit être considéré comme « opérateur » ; l'opérateur apparaîtra ainsi comme un plan pour la réalisation des lois mathématiques. L'on voit Bachelard, à propos de la piézo-électricité, définir ainsi le cristal de laboratoire : « Le cristal créé au laboratoire n'est plus vraiment un *objet*, c'est un instrument. Plus exactement, dans le style même où les mathématiques parlent d'opérateurs, le cristal, techniquement formé, est *opérateur* de phénomènes » [2]. Qu'on nous permette de retourner la métaphore : il nous apparaîtra alors que la mathématique, cristal de la pensée, est ce sans quoi ne pourrait progresser la Physique.

C'est ainsi la méconnaissance du rôle des mathématiques dans la pensée scientifique qui interdit à la philosophie de penser les sciences comme processus historique de production de connaissances. C'est ce à quoi nous ramène toujours Gaston

---

1. *L'expérience de l'espace dans la physique contemporaine*, p. 94.
2. *Le rationalisme appliqué*, p. 202.

Bachelard, ce par rapport à quoi il est en mesure de caractériser toute philosophie.

Topologie philosophique

Lorsqu'on a reconnu, comme Gaston Bachelard, que le critère de la connaissance scientifique n'est pas à chercher, sous prétexte de fondement, hors de son propre champ; que le processus en quoi elle consiste est un processus d'objectivation progressive par rectifications successives qui font apparaître, par voie de récurrence, la matière première sur laquelle travaille la pensée – et qu'on pourra bien appeler « donné » si l'on y tient – comme un tissu d'erreurs; lorsqu'on a procédé à ces reconnaissances, avons-nous montré, on est mesure d'assigner à la philosophie sa véritable nature puisqu'il devient évident que c'est elle qui a interdit que cette opération de reconnaissance soit immédiate; c'est elle qui, par constitution de couples inadéquats et par institution d'une juridiction en porte-à-faux, empêche que le plus évident soit tenu pour tel; non seulement par les philosophes, mais, ce qui est plus grave, par les savants eux-mêmes lorsqu'ils ont à se poser des problèmes philosophiques.

Cet ensemble de résultats, dont nous avons pu voir l'acquisition, polémique, permet de caractériser toute philosophie par rapport à l'Activité Scientifique telle qu'on l'a décrite. En ce sens on peut bien dire que « la science ordonne la philosophie »; c'est ainsi que Gaston Bachelard peut dans un texte du *Rationalisme appliqué*[1] proposer la métaphore opératoire d'un spectre philosophique que nous allons reproduire ici afin de le commenter:

---

1. *Le rationalisme appliqué*, p. 5.

Idéalisme
↑
Conventionalisme
↑
Formalisme
↑
(   ) (   )
↓
Positivisme
↓
Empirisme
↓
Réalisme

Première observation : en le reproduisant ainsi, nous sommes infidèle au texte de Bachelard par omission de la ligne centrale où sont inscrits des blancs. C'est par nécessité d'exposition, puisque les termes qui y figurent chez Bachelard désignent la nouvelle épistémologie dont nous n'avons pas encore mis en place tous les concepts.

Mais les blancs que nous laissons ne sont pas totalement indéterminés : nous pouvons en dire, en effet, qu'y prendra place une doctrine qui respectera la démarche scientifique dans sa réalité, c'est-à-dire dans sa structure (dans l'agencement de ses formes) et dans son progrès. Nous pouvons même aller plus loin et dire que cette doctrine devra respecter *à la fois* l'aspect rationnel de la production des concepts et l'aspect expérimental de ce que nous appellerons provisoirement l'application de la science. Voilà pourquoi nous devons inscrire, non pas un mais deux blancs dans notre schéma. Il faudrait encore ajouter que ces deux blancs doivent être – fortement – coordonnés, faute de quoi dans leur écart s'installerait quelque métaphysique, tout à la joie d'avoir retrouvé un couple qu'elle pourrait faire sien.

Un pas de plus : la nouvelle épistémologie, construite au plus près de l'activité de la connaissance scientifique, par sa place centrale, est ce qui permet de voir la vérité de toute philosophie. Elle est ce dont toute philosophie reçoit sa vérité, elle est le principe d'organisation de la « *topologie philosophique* »[1] qui nous est ici présentée.

Nous disons : « toute philosophie », et non seulement toute philosophie des sciences, car il apparaît que toute philosophie est sous un rapport ou sous un autre, qu'elle le veuille ou non, une philosophie des sciences. Dans la mesure exacte où toute philosophie contient comme une de ses pièces maîtresses une « Théorie de la connaissance ». Voilà, avons-nous vu, ce que Bachelard nous oblige à penser. De fait, le spectre, ici présenté, nous offre une sorte de « dégradé » : de philosophies qui se donnent pour strictement liées à la pensée scientifique comme le positivisme ou le formalisme on gagne des « fonctions philoso-phiques » beaucoup plus lâches et sous le chef desquelles peuvent prendre place toutes les philosophies[2].

Il faut maintenant suivre de plus près les explications que donne Bachelard de cette topologie ; ce qui revient à commenter ce que nous avons encore laissé dans l'ombre : les flèches verticales qui relient les doctrines. Première remarque, toute formelle, mais qui a son importance : ces flèches sont symé-triques et inversées par rapport à la ligne centrale. Autrement dit, en repliant le schéma autour de son centre ; on peut les faire coïncider.

Que signifierait cette pliure ? Que chacune des doctrines peut être renversée en la doctrine apparemment contradictoire sans que sa nature en soit changée. Cela ne saurait nous étonner, après l'analyse que nous avons faite du « Réalisme » (c'est-à-dire d'un des termes de la topologie) mais cela permet de fixer la raison théorique de ce retournement que nous avons vu fonctionner.

---

1. *Le rationalisme appliqué*, p. 7.
2. Si l'on veut voir fonctionner « l'analyse spectrale » sur une notion précise, qu'on lise le Chapitre VII de *L'activité rationaliste de la physique contemporaine* qui commence ainsi : « À elle seule, la notion de Spin pourrait faire l'objet d'un congrès de philosophes en quête de discussions précises. Cette notion serait fort propre à déterminer une analyse spectrale des philosophies de la connaissance ». C'est à l'esquisse de cette analyse que Bachelard procède dans ce chapitre.

Cette raison, c'est que la *nature* de chacune des doctrines réside non en elle-même mais dans le pli, point fixe de l'espace philosophique. En l'occurrence, les vecteurs qui figurent entre les doctrines ne sont pas physiquement orientés ; la symétrie est purement géométrique ; en se trouvant au point marqué : « conventionalisme » on se trouve à la même place qu'au point « empirisme » puisque seule la valeur absolue de l'écart compte en définitive.

La même chose était exprimée dans d'autres termes à un autre propos : « Deux systèmes de pensées qui retrouvent les mêmes éléments dans la même relation mais seulement en sens inverse sont au fond réductibles à une forme unique »[1].

Mais il y a plus, dit Gaston Bachelard, commentant toujours le spectre philosophique : on peut considérer que, de chacun des côtés du pli, les doctrines se complètent et s'ordonnent elles-mêmes par rapport au terme-extrême extérieur ; Idéalisme d'une part ; Réalisme de l'autre. Ce sont ces deux points extrêmes qui assurent la cohérence des doctrines « inférieures », si bien qu'il ne serait pas incorrect, nous semble-t-il, de doubler les flèches inscrites de flèches inverses. Remarquons d'ailleurs que ces nouvelles flèches représenteraient ce dont le *philosophe* a conscience de son rapport aux sciences : un Philosophe *vit* son rapport à la connaissance scientifique « sous un jour idéaliste » ou « dans un système idéaliste » par exemple.

Tels sont les enseignements que nous pouvons tirer de la « topologie bachelardienne » ; compte tenu des résultats que nous avons déjà obtenus.

Nous pensons pouvoir en tirer quelques conclusions supplé-mentaires de la plus haute importance. Nous énoncerons la première ainsi : « la philosophie n'a pas d'objet »[2]. Il apparaît en

---

1. *Les intuitions atomistiques*, Éditions Boivin, p. 3, rééd. Paris, Vrin, 1933.

2. Cette thèse a été exprimée sous cette forme par Louis Althusser dans ses Conférences de l'École Normale Supérieure, 1967-1968. Nous pensons qu'elle coïncide exactement avec la pensée de Gaston Bachelard.

effet que toute philosophie se détermine spécifiquement par son *écart* à la pratique scientifique. La philosophie n'a pas d'autre essence que cet écart ; c'est précisément à la réduction de cet écart à zéro que Bachelard, on l'a vu, a travaillé toute sa vie.

Mais une question reste en suspens : pourquoi, en définitive, cet écart de la philosophie ? Certes, nous avons vu ce qui se logeait *dans* l'écart : méconnaissance de la production historique des concepts par méprise sur le rôle des mathématiques dans la connaissance scientifique. Mais nous n'avons pas encore déterminé pourquoi la philosophie, consciemment ou non, *fait* cet écart.

C'est à quoi, précisément, nous invite Gaston Bachelard. Disons-le d'un mot : l'écart apparaît comme *fonction* organisée selon certaines fins. Or, avant même de les avoir reconnues, nous pouvons dire à coup sûr que ces fins sont à la fois extra-scientifiques – ce qui ne nous étonne pas – et extra-philosophiques, ce qui pourrait nous étonner si nous n'avions constitué à la suite de Gaston Bachelard une topologie dont le caractère le plus évident est d'être un champ *clos*.

Ce qui nous est donné à comprendre, c'est le pourquoi de l'éternelle méprise de la philosophie. C'est ainsi que nous proposons de lire *La formation de l'esprit scientifique* ; nous n'ignorons pas que la richesse de cet ouvrage excède de beaucoup les remarques que nous allons présenter ici, mais à le lire : et à le relire selon les principes que nous nous sommes fixés, il nous a semblé que nous touchions par là l'essentiel de ce texte admirable.

Il nous semble que ce qui apparaît de façon lumineuse dans *La formation de l'esprit scientifique*, c'est que la philosophie a pour fonction d'importer dans les sciences des *valeurs* extra-scientifiques. À propos de ces valeurs, Bachelard répond à *deux* questions distinctes mais souvent confondues parce qu'elles sont imbriquées. La première, immédiatement visible, retenue par tous les commentateurs, et qui fait partie du « bachelardisme élémentaire » d'un élève de philosophie, concerne le *terrain d'origine* de ces valeurs : vie courante, expérience première, connaissance pré-scientifique; telles sont les réponses – pour nous provisoires – qu'on peut y apporter.

La seconde, moins évidente, concerne le *pourquoi de la valorisation* de ce terrain d'origine. Cette deuxième question n'est pas susceptible de réponse immédiate.

Dans cette réflexion théorique que Bachelard qualifie, au début du chapitre VII, de « Psychologie de reflet »[1], c'est au niveau de leurs *effets* (reflets) dans la connaissance objective que Bachelard saisit ces valeurs. Nous devons garder cette détermination *indirecte* à l'esprit, si nous voulons comprendre au juste ce que Gaston Bachelard entend par cette métaphore encore énigmatique qu'est la notion « d'obstacle épistémologique ». Bien convaincu que, pour Bachelard, une métaphore ne peut tenir lieu de notion.

Si l'on prend la notion centrale « d'obstacle épistémologique » au niveau de ses effets, on peut dire qu'ils se résument à combler une rupture. Donc, l'obstacle épistémologique, de nature polymorphe, n'a qu'un seul effet. C'est en travaillant au niveau de cet unique effet qu'on a chance de préciser le concept; or on constate que si cet effet est toujours identique, sa *place* dans le processus de connaissance est variable. Il peut surgir au moment de la constitution de la connaissance, ou à un stade ultérieur de son développement, une fois qu'elle est déjà constituée en connaissance scientifique. Dans le premier cas, on dira qu'il s'agit d'une « contre-pensée », dans le deuxième cas d'un « arrêt de pensée ». Mais cette variation dans l'identité n'a pas qu'un intérêt terminologique. Elle désigne l'obstacle comme point de *résistance* de la pensée à la pensée. Explicitement: si l'on tient que la pensée scientifique est éminemment progressive et que sa démarche est faite de ses propres réorganisations, on dira que l'obstacle épistémologique apparaît toutes les fois que – mais seulement dans ce cas – une organisation de pensée préexistante est menacée. Ajoutons qu'il apparaît *au point* où

1. *La formation de l'esprit scientifique*, *op. cit.*, p. 132.

menace la rupture – et dont d'autres travaux que ceux de Bachelard ont pu montrer qu'ils étaient le lieu d'une «surdétermination». Mais, ponctuel dans son apparence, il apparaît alors que l'obstacle est *solidaire* d'une structure déterminée de pensée qui apparaîtra rétrospectivement, selon la terminologie de *La philosophie du non*, comme un «tissu d'erreurs tenaces».

Or, où qu'il se manifeste, l'obstacle qui a pour effet de ravauder – ne serait-ce qu'un instant – l'édifice en péril procède invariablement *par déplacement des intérêts*; ce sont les mots de Bachelard.

Dans un cas, l'obstacle déplace la question avant même qu'elle soit posée, si l'on peut dire; c'est-à-dire qu'il empêche que *la* question soit posée, en substituant une question imaginaire à une question réelle.

Dans l'autre, il détourne la question de son sens.

Nous dirons, en d'autres termes, que dans un cas il empêche la pensée scientifique d'advenir, dans l'autre, alors qu'elle est déjà advenue, il la déclasse au rang de pensée commune. Car tout, en définitive, revient, à rétablir la continuité brisée entre pensée scientifique et pensée commune. On comprend que le premier obstacle – entendons : le plus immédiat, mais aussi le plus permanent, et enfin le plus résistant – ait son terrain d'origine au point précis où commence la pensée commune; dans l'expérience sensible. De fait, Bachelard ne cesse de la dénoncer, dans toute son œuvre comme une éternelle primitivité du savoir.

Mais il y a bien plus dans *La formation de l'esprit scientifique*, Bachelard y entreprend de montrer les sources de la valorisation indue de l'expérience première. À lire le chapitre VII, intitulé «Psychanalyse du Réaliste» on voit que la «fonction réaliste» attenante, comme on le sait maintenant, à toute Philosophie, organise de façon systématique le tissu d'erreurs qui produit sur les points de rupture les obstacles les plus tenaces.

Or, quel est le principe qui organise la pensée du Réaliste? Suivons Bachelard dans le détail des analyses qu'il nous livre. Prenons le cas, sans cesse évoqué, de la science du XVIIIe siècle; ce que nous en dit Bachelard est très singulier : l'élément déter-

minant paraît être à ses yeux le *statut social* de cette science : elle
est un objet de salon, elle porte la marque du loisir, de la *facilité*,
de la *paresse*[1] voire de la *frivolité*[2] ; Bachelard risque même
l'expression de « mathématiques minaudées ». De ce fait, les
intérêts pour la science sont *faux* dans leur principe[3]. Ils sont analogues aux intérêts que porte cette société à la littérature ou aux
récits de voyage. Bref : la Nature est conçue comme un Livre
dont il suffit de tourner les pages pour le connaître et l'apprécier.
Il nous semble qu'il y a là quelque chose de profond, sur quoi
nous reviendrons par la suite : c'est la façon dont on se rapporte à
la connaissance scientifique qui détermine – sous une modalité
qu'il faudrait préciser – la représentation qu'on se fait de la structure interne du savoir scientifique. Voilà ce que nous donne à
penser Gaston Bachelard lorsqu'il nous montre (car il le montre,
s'il ne le démontre pas) que c'est en définitive le fait qu'on se
rapporte aux livres scientifiques comme aux livres littéraires qui
est déterminant dans l'idéologie de la science qui domine au
XVIIIᵉ siècle.

On comprendrait mieux ainsi l'insistance qu'il met à citer
des préfaces littéraires à des livres pré-scientifiques. Ce n'est
certes pas pour le plaisir de nous faire découvrir un département
– si « curieux » soit-il – de son Musée : c'est plutôt pour éveiller
notre attention – fût-ce par un frisson d'horreur – sur ce point à
notre avis fondamental. Au demeurant, Bachelard prend bien
soin de montrer que cette représentation sociale de la science
porte ses effets dans les travaux des plus authentiques savants de
l'époque – ceux de Réaumur, par exemple, qui restent aux yeux
de l'Histoire des Sciences une œuvre scientifique « pour
toujours »[4].

---

1. *La formation de l'esprit scientifique*, p. 30.
2. *Ibid.*, p. 34.
3. *Ibid.*, p. 40.
4. Expression employée plus tard dans *L'activité rationaliste* et dans la
Conférence sur l'*Actualité de l'histoire des sciences* (1951). Nous y reviendrons.

On ne s'étonnera donc pas de l'importance qui est faite dans cet ouvrage aux problèmes de l'enseignement des sciences ; c'est que Gaston Bachelard voit dans l'École la représentation qu'une société donnée se donne à elle-même de son savoir. Le fait que l'ouvrage se termine par ce qu'il appelle « une utopie scolaire » suffirait à prouver qu'il était loin de considérer que notre société – la sienne, celle des années 1930 – avait éliminé de la représentation de son savoir toute l'idéologie, si visible au XVIIIe siècle, de la science-loisir ; Bachelard la retrouve, déplacée, camouflée, mais toujours aussi active dans la conception de la science comme partie d'une culture « générale ».

Cette thèse se convertit, à plusieurs reprises, en célébration polémique des spécialisations successives des disciplines scientifiques. Ainsi : « Les spécialisations, dans le domaine de la pensée scientifique, sont des types particuliers de progrès. En suivre la rétrospective, c'est prendre la perspective même de progrès précis ». Quelques lignes plus haut apparaît la valeur polémique de ces affirmations : « On peut s'étonner que la spécialisation scientifique soit si facilement, si constamment énoncée comme une mutilation de la pensée » [1].

Si l'on suit notre thèse on verra dans cette « facilité », dans cette « constance », l'effet d'une *résistance* typiquement philosophique. Le texte le plus remarquable à cet égard est sans doute celui que l'on trouve dans le *Bulletin de la Société Française de Philosophie*, « De la nature du rationalisme » qui commence ainsi :

> C'est la spécialisation qui donne le tonus rationaliste ! C'est elle qui fait un esprit vigoureux ! C'est elle, qui vous donne la sécurité d'être aujourd'hui dans l'axe d'hier ! Naturellement, si vous restez dans les éléments philosophiques du ratio-

---

1. *L'activité rationaliste*, p. 10.

nalisme, c'est un rationalisme qui ne travaille pas, c'est un rationalisme que vous ne mettez pas en danger... [1].

Ici, la célébration se fait hymne et exhortation.

Mais admettons que nous nous soyons donné la part trop belle en choisissant l'exemple du xviiie siècle, dont on accordera pour le moins qu'il joue un rôle important dans l'ouvrage, et revenons au texte de Bachelard.

On ne saurait manquer d'être frappé de la constante référence qui y est faite aux Alchimistes. Que signifie cette insistance?

Il nous le livre lui-même : à la suite de Hélène Metzger, il montre que l'Alchimie est essentiellement une initiation morale. Il écrit : « L'Alchimie, tout bien considéré, n'est pas tant une initiation intellectuelle qu'une initiation morale » [2].

Il nous serait aisé de montrer à nouveau comment c'est un faux rapport à la science qui détermine la représentation que l'on se fait de sa structure ; on pourrait même voir qu'en ce cas le rapport institué imaginairement entre la science et son objet est inverse du premier : dans l'idéologie de l'observation, l'objet est à disposition, toujours-déjà-donné ; dans l'idéologie alchimiste, il est caché, jamais-encore-atteint.

Mais ce qui retiendra notre attention, c'est que l'Alchimiste sert plus d'une fois de référence pour caractériser des doctrines philosophiques contemporaines. Ainsi, deux pages avant la précédente citation, nous pouvions lire :

> On pourrait presque dire que l'expérience alchimiste se développe dans une durée bergsonienne, dans une durée biologique et psychologique. (...) Il faut à chaque être pour qu'il croisse, pour qu'il produise, son juste temps, sa durée concrète, sa durée individuelle. Dès lors, quand on peut accuser le temps qui languit, la vague ambiance qui manque à mûrir, la molle poussée intime qui paresse, on a tout ce

1. Avril-Juin 1950.
2. *La formation de l'esprit scientifique*, p. 51.

qu'il faut pour expliquer, par l'interne, les accidents de l'expérience[1].

Cette référence à Bergson n'est pas la seule de l'ouvrage à ce propos; c'est d'ailleurs un procédé constant de Bachelard que de rapprocher certaines thèses philosophiques contemporaines de textes pré-scientifiques. C'est qu'à ses yeux ils participent de la même idéologie dont les valeurs dominantes sont extérieures au pur effort de connaître, empruntées à certaines idéologies pratiques, comme la morale ou la religion, ciment d'une société donnée. Dans le style de Bachelard, cette fois-ci, on pourrait dire que l'idéologie fondamentale de la science, qui est véhiculée sous forme systématique par la philosophie, repose sur des valeurs sociales telles que morale, religion ou politique.

Telle est l'ultime explication que nous pouvons donner des « intérêts valorisants » qui constituent la trame des « obstacles épistémologiques ».

Si on en voulait confirmation, on pourrait voir que s'agissant de l'obstacle « substantialiste », l'équation majeure apparaît être la suivante :

$$\text{substance} = \text{intérieur} = \text{précieux}[2]$$

et que Bachelard conclut ainsi son développement : « Le réaliste accumule dans la substance, comme un homme prévoyant dans son grenier, les puissances, les vertus, les forces sans se rendre compte que toute force est relation ». Ce sont donc bien des comportements sociaux qui, par la philosophie, passent dans la connaissance. Le substantialiste prend le mot « propriété » à

---

1. *La formation de l'esprit scientifique*, p. 49.
2. *Ibid.*, p. 98 : « ... toute enveloppe paraît moins *précieuse*, moins *substantielle* que la matière enveloppée – l'écorce, si indispensable fonctionnellement, est prisée comme une simple protection du bois. Ces enveloppes passent pour nécessaires, même dans la nature inanimée ». C'est tout le chapitre qui serait à citer.

la lettre et en éprouve une « solide joie de propriétaire » [1],
l'expression est de Bachelard.

De même, si l'on voulait résumer le chapitre VII de façon
sommaire et caricaturale, on poserait les trois « axiomes ».
suivants :

> Tous les Réalistes sont des avares.
> Le Réaliste est un mangeur.
> Rien n'est plus *raisonné* que l'alimentation chez les Bourgeois.

Mais laissons-là ces considérations. Il est temps de conclure.

Ce que Bachelard démontre c'est que tout obstacle épistémologique intervient dans la connaissance scientifique, par
l'intermédiaire de la philosophie comme représentant de valeurs
idéologiques hiérarchisées au point où leur système, est en péril.

On en conclut que la philosophie n'est que cette fonction
d'intervention. Il nous semble qu'il y a là les éléments pour
une Théorie de la philosophie et la construction du concept
d'Histoire de la Philosophie. Ce serait l'objet d'une autre étude ;
il n'en sera pas question ici.

Il sera question de ce que Bachelard a pu penser grâce à la
reconnaissance de la pensée scientifique comme production
historique de concepts et à la reconduite de la philosophie à sa
vérité, c'est-à-dire à sa source. Ce sont deux nouvelles problématiques qui s'instaurent au terme de ce long travail : *l'épistémologie historique*, comme système réglé de concepts et *l'histoire
des sciences* comme objet d'une pensée théorique.

---

1. Par exemple, *La formation de l'esprit scientifique*, p. 101.

II. LES NOUVELLES PROBLÉMATIQUES

Voici donc arrivé le temps des « philosophes anabaptistes » que Bachelard appelait de ses vœux dans *La philosophie du non* !

Car les épistémologues nouveaux seront encore, en un certain sens, des philosophes. Ce sens est même très précis, il trouve, nous le verrons, sa détermination dans le blanc que nous avions laissé dans le spectre philosophique construit par Bachelard.

Ils seront « anabaptistes » car ils abjureront toutes les croyances, tous les dogmes de la philosophie traditionnelle. Nous savons maintenant que l'on peut prendre, sans risque, ces termes au pied de la lettre.

Ils viendront s'établir sur ce territoire vierge encore à l'arrivée de Bachelard, dont la connaissance scientifique, dans sa pratique effective, est à la fois le sol et l'horizon.

Mais il se trouve que ces philosophes seront déjà des historiens et que les historiens de ce pays seront nécessairement des philosophes. Déjà, en effet, dans le travail de Bachelard sur les concepts de la philosophie traditionnelle à la lumière de la pensée scientifique, nous avons vu paraître l'Histoire, en personne, surgie des ténèbres où l'ensevelissaient la philosophie et l'épistémologie classiques. Il y a une nécessité théorique à cette apparition comme à ce refoulement. Mais seul un examen attentif et précis de l'articulation des nouveaux concepts de la nouvelle discipline peut la mettre en lumière.

UNE PHILOSOPHIE NON PHILOSOPHIQUE

C'est dans sa réfutation même qu'est apparue la nécessité de la Philosophie. Dans la mesure en effet où l'on a reconnu que la Philosophie se définissait non par son objet mais par sa *fonction* et où l'on a déterminé cette fonction comme intervention auprès des sciences, il faudrait pour annuler ce que nous appellerons « l'instance philosophique » que les conditions qui lui donnent consistance soient elles-mêmes supprimées.

Ce qui revient à dire, compte tenu des analyses que nous avons faites, à la suite de Gaston Bachelard, dans le chapitre précédent, qu'il faudrait que soient évacuées toute idéologie, morale, politique ou religieuse. En d'autres termes, il faudrait instituer la science dans un néant d'idéologie, c'est-à-dire dans un néant de société[1]. Il est possible d'effectuer cette opération par la pensée : on bâtit alors une *utopie*. Mais Gaston Bachelard réserve les utopies au poète ; l'épistémologue, lui, parle de *ce* monde.

Autre solution pour annuler l'instance philosophique : supprimer toute science ; la philosophie alors serait, si l'on ose dire, une « porte-parole en l'air » ; son existence, dénuée de toute finalité, elle disparaîtrait. Mais les sciences existent.

La nécessité s'impose donc d'une discipline philosophique puisque, *dans les faits*, il y a des sciences coexistant avec des idéologies. Mais la philosophie doit être retournée : loin d'être le porte-parole des idéologies auprès des sciences ; elle aura pour mission de neutraliser leur discours et d'empêcher par là, dans la mesure du possible, l'apparition des obstacles. À tout le moins, elle se donnera la mission de *distinguer* dans les discours tenus ce

---

1. Cette inférence, que nous affirmons à la suite de Gaston Bachelard, serait susceptible, selon nous, de trouver un statut théorique précis dans, le cadre de la science marxiste de l'histoire ou « matérialisme historique ». Cf., *Cahiers Marxistes-Léninistes*, n° 11, Avril 1966, article de Louis Althusser.

qui relève de la pratique scientifique de ce qui provient des discours idéologiques.

C'est bien cette fonction de *vigilance* que Bachelard assigne à l'épistémologie nouvelle. « Accompagnant » les progrès de la pensée scientifique, elle aura le souci constant de « dégager les intérêts philosophiques » qui apparaissent dans la démarche du savant.

Autant dire qu'elle traite de problèmes tout à fait étrangers à la philosophie traditionnelle, qu'elle pose des questions dont les Philosophes ne peuvent pas – ou ne veulent pas – soupçonner l'intérêt. Mais il va de soi que ces « problèmes » sont susceptibles de varier : à mesure qu'une science progresse, les « valeurs » qu'elle secrète sont différentes, et les prises qu'elle donne aux idéologies se déplacent ; d'autre part, l'apparition d'une nouvelle science peut modifier la conjoncture théorique ; enfin, la position dominante d'une science déterminée dans cette conjoncture peut être remise en question – nous pensons particulièrement à la Physique mathématique qui – dominante à l'époque de Bachelard – ne l'avait pas toujours été et ne le sera peut-être pas toujours.

Pour toutes ces raisons, la nouvelle discipline sera une philosophie « ouverte ». Bachelard disait : « La philosophie de la connaissance scientifique doit être *ouverte* »... « elle sera la conscience d'un esprit qui se fonde en travaillant sur l'inconnu »[1]. Nous voyons même dès l'énoncé des principes qu'elle sera à ce point ouverte qu'elle permettrait, si l'évolution de la conjoncture scientifique l'exigeait, de concevoir, au sens bachelardien du terme, une épistémologie non-bachelardienne.

Ouverte, la nouvelle philosophie sera non-systématique ; elle répudiera la *tendance au système* dont Bachelard faisait une caractéristique de la philosophie traditionnelle. Il s'agit-là, sous la plume de Bachelard, non du reproche que le sens commun adresse, pour de mauvaises raisons, à la philosophie ; mais d'un impératif tiré de la nature même de la connaissance scientifique.

---

1. *La philosophie du non*, p. 9.

La science n'est pas *une*, il y a des inégalités de développement entre les diverses branches de la connaissance scientifique; Bachelard s'en est expliqué au début de *La formation de l'esprit scientifique*. Il ne peut donc y avoir d'épistémologie unitaire, selon son expression. Mieux : c'est au niveau de chaque concept que se posent les tâches précises de la philosophie des sciences[1]. On bâtira donc une «philosophie différentielle»; la nouvelle discipline sera une philosophie du *concept*.

Enfin, attentive aux conditions réelles du travail du savant, attentive à la spécificité des régions du savoir et à l'évolution de leurs rapports, vigilante enfin quant à l'insertion du savoir scientifique dans le monde de la culture, cette nouvelle discipline sera une philosophie historique.

Il reste un mot à dire sur notre méthode d'exposition avant de quitter ces généralités pour entrer dans le détail de l'organisation conceptuelle. Il va de soi en effet que *l'ordre* que nous avons adopté n'a rien d'historique, nous n'avons pas prétendu montrer dans un premier temps la formation des concepts, pour ensuite les montrer à l'œuvre. L'emprunt constant que nous avons fait à *tous* les ouvrages de Bachelard suffirait à le prouver; nous réservons pour une dernière partie des réflexions plus proprement historiques. L'analyse que nous menons se situe, pour l'instant, sur un tout autre plan. Disons que nous avons eu l'ambition de montrer *l'architecture logique* de l'épistémologie de Gaston Bachelard. Mieux : nous espérons avoir exhibé les *réquisits* de l'épistémologie historique, elle-même – en un sens qui reste à préciser – réquisit de l'histoire épistémologique. Ce que nous allons voir maintenant, c'est comment ces réquisits forment une doctrine cohérente, coordonnée. On ne devra donc pas s'étonner si l'on retrouve, convertis en normes, certains des concepts que nous avons vu paraître sous leur jour polémique; il est clair aussi qu'étant donné la maturité plus grande de l'épistémologie de Bachelard dans les derniers ouvrages, c'est

---

1. *La philosophie du non*, p. 14.

surtout à eux que nous ferons appel, sans avoir besoin de rappeler les textes antérieurs où les mêmes concepts fonctionnaient déjà quoique sous une forme plus imprécise, voire plus indécise. Nous ne procéderons à ces retours que dans les cas, peu nombreux, où l'évolution du concept lui a fait prendre un sens franchement différent dans les derniers ouvrages.

DIALECTIQUE

Tel est précisément le concept de *dialectique* qui subit une évolution certaine des premières aux dernières œuvres. Il faudrait cependant se garder de voir dans cette évolution un renversement de son sens. Disons plutôt que la fonction du concept change et qu'en conséquence sa signification bascule d'un bord à l'autre de la notion.

On ne peut donc préciser les choses qu'en éclaircissant la *fonction* du concept : elle se trouve, en définitive, inscrite dans le dialogue du Mathématicien et du Physicien, du pourvoyeur d'hypothèses et de théories d'une part et de l'instructeur d'expériences d'autre part. Dialogue qu'on ne peut saisir, nous l'avons vu, qu'en se plaçant dans cette position centrale – si difficile à conquérir – que Bachelard assigne à l'épistémologie.

Qu'entend-on au juste ? Un échange de renseignements qui a pour effet ultime d'ajuster théorie et expérience. Mais étant donné qu'on se refuse le recours à un objet fixe, il faut penser cet ajustement non comme une *adéquation formelle* mais comme un processus *historique*. Dans une histoire qui n'implique aucune sécurité, aucun destin qui vouerait la théorie à toujours trouver moyen de se réaliser. C'est donc une histoire où il y a du risque, et où les deux protagonistes doivent unir leurs efforts.

Autre nom de ce risque : l'*échec*. À un moment donné le langage du physicien et du mathématicien peut être contradictoire. La philosophie s'empressera d'y voir une « crise » de la science. Pour le mathématicien et pour le physicien, ce sera l'occasion d'un travail : l'un à revoir ses théories, à formuler d'autres hypothèses, l'autre à affiner ses expériences, à contrôler ses instruments. Bref, il se produira une réorganisation du savoir : c'est cette réorganisation que Bachelard appelle *dialectique*.

Ce qu'il veut désigner par ce terme, c'est donc la démarche spécifiquement progressive de la pensée scientifique. Mais nous avons vu que pour penser l'allure particulière de ce mouvement, il était nécessaire d'engager une vive polémique contre les philosophies « réalistes » ; c'est pourquoi sans doute le concept de dialectique est davantage infléchi dans les premiers ouvrages du côté de la rupture que l'expérience impose au savoir dans son passage d'un état au suivant. Alors que dans les derniers livres, c'est plutôt le caractère progressif du moment ultérieur qui est souligné. Sans doute est-on en droit de penser que cette variation qui ne remet pas en cause le sens du concept, tient à ce qu'au terme de son couvre Bachelard dispose d'autre concepts pour penser l'aspect « rupture » ; nous y reviendrons.

Contentons-nous de noter, qu'ainsi défini, le concept de dialectique ne coïncide avec aucun des concepts désignés par ce mot dans la philosophie traditionnelle. Nous n'en reprendrons pas ici la démonstration qui a été faite par M. Canguilhem dans son article sur « La dialectique et la philosophie du non », mais nous voudrions faire observer que compte tenu de la situation de l'épistémologie de Bachelard par rapport à la Philosophie antérieure ce concept *ne pouvait pas* être l'équivalent d'un concept philosophique quel qu'il soit. C'est ce que nous croyons avoir pu démontrer par notre premier chapitre.

MATÉRIALISME TECHNIQUE

La pensée scientifique progresse donc par oscillations, réorganisations de ses bases à partir de son sommet ; mais ce mouvement ne se fait que dans et par l'expérimentation scientifique. Soit à se placer au point de vue de l'autre interlocuteur. Voici donc que s'impose de penser dans son détail technique l'expérience scientifique, tâche inédite pour un philosophe et dont Gaston Bachelard donne les principes.

Les textes où Bachelard inaugure cette théorie des *instruments* scientifiques, comme « théories matérialisées », et de leurs montages sont restés célèbres. Ces thèses forment un corps de doctrine tout à fait nouveau, qu'il désigne comme « matérialisme instruit » ou « matérialisme technique », c'est-à-dire : étude du matériel utilisé pour la science pour l'organisation de ses expériences.

Ce corps de concepts s'élabore progressivement dans la pensée de Bachelard, essentiellement sur la base d'une réflexion sur le rôle que jouent les instruments dans la Micro-physique : il trouve sa forme, son champ et ses tâches dans *Le rationalisme appliqué*; mais il est intéressant de noter que dès 1927, dans l'*Essai sur la connaissance approchée*, Bachelard avait insisté sur le rôle, à son avis trop négligé par le philosophe, des instruments dans la connaissance physique.

Mais si les théories se matérialisent ainsi et si l'épistémologie doit, en conséquence, veiller à la constitution d'un « matérialisme instruit », c'est pour produire des phénomènes qui soient strictement définis comme phénomènes scientifiques ; pour qu'aucune intervention idéologique ne se fasse dans le fonctionnement de la connaissance scientifique sous le couvert d'observations naturelles.

À cette production de phénomènes spécifiquement scientifiques, Bachelard donne un nom parodique : la *phénoméno-technique* incompatible dans son principe avec une phénoménologie qui ne peut que discourir sur les phénomènes faute de pouvoir jamais en produire aucun. Dans *Le nouvel esprit scientifique* :

> La véritable phénoménologie scientifique est donc bien essentiellement une phénoménotechnique. Elle renforce ce qui transparaît derrière ce qui apparaît. Elle s'instruit par ce qu'elle construit. (…) La science suscite un monde non plus

par impulsion magique, immanente à la réalité, mais bien par une impulsion rationnelle immanente à l'esprit[1].

Et, plus nettement dans *La formation de l'esprit scientifique* : « La phénoménotechnique *étend la phénoménologie*. Un concept est devenu scientifique dans la mesure où il est devenu technique, où il est accompagné d'une technique de réalisation »[2].

C'est ainsi que l'essentiel de l'activité de la pensée scientifique consiste par le biais de mises au point d'instruments théoriquement définis et par celui de montages d'appareils suivant des programmes de réalisation rationnelle à effectuer des *couplages* entre l'abstrait et le concret. Ou encore, pour employer une autre expression de Bachelard, à *concrétiser* l'abstrait.

C'est au centre de ce processus impensable au philosophe que doit s'installer la pensée de l'épistémologue.

Dès lors, *l'expérience* redeviendra un thème philosophique central, mais en un sens tout nouveau. Ainsi, Bachelard écrit :

> Une expérience bien faite est toujours positive. Mais cette conclusion ne réhabilite pas la positivité absolue de l'expérience tout court, car une expérience ne peut être une expérience bien faite que si elle est complète, ce qui n'arrive que pour l'expérience précédée d'un projet bien étudié à partir d'une théorie achevée. Finalement, les conditions expérimentales sont des conditions d'expérimentation[3].

Les « objets » de ces expériences seront aussi à entendre en un sens nouveau. Bachelard en donne cet exemple, entre autres, dans *L'activité rationaliste* : « Le méson, au confluent de la théorie la plus abstraite et de la recherche technique la plus minu-

1. *Le nouvel esprit scientifique*, p. 13.
2. *La formation de l'esprit scientifique*, p. 61.
3. *Le nouvel esprit scientifique*, p. 9.

tieuse est désormais un corpuscule au double statut ontologique nécessaire aux êtres de la Physique Moderne » [1].

On comprend que Bachelard puisse conclure : « Pour se maintenir au centre de l'esprit travailleur et de la matière travaillée, on doit abandonner bien des traditions philosophiques aussi bien sur la réalité du monde sensible que sur la clarté native de l'esprit ».

APPLICATION

Ce qui apparaît maintenant, c'est que nous avons déterminé les disciplines épistémologiques qui, au ras de l'activité scientifique, rempliront les blancs que nous avions laissé dans le spectre. Nous pouvons les nommer : « Rationalisme Appliqué » d'une part, « Matérialisme Technique » de l'autre.

Mais les désigner ainsi, comme le fait Bachelard, c'est d'emblée instituer en chacune une *distinction* productrice pour les deux doctrines d'une *réciprocité* féconde.

C'est en effet dire que du côté du Rationalisme, c'est-à-dire de la production des concepts, il faut être déjà attentif aux conditions de leur application ou, pour parler comme Bachelard, qu'il faut « intégrer au concept les conditions de son application ».

---

1. *L'activité rationaliste de la physique contemporaine*, chap. IX, part. 4. Il faudrait ici examiner l'ensemble de ce long paragraphe. Nous y voyons une illustration très nette des thèses que nous défendons. Citons ces quelques lignes qui l'inaugurent : « L'examen des thèmes philosophiques que pose l'existence du méson demanderait, lui aussi, tout un ouvrage, car il obligerait à évoquer des problèmes cosmologiques qui se posent en des termes bien différents des cosmologies antécédentes. (…) Il faudrait réformer bien des idées simplistes sur les rapports de l'hypothèse et de l'expérience. En effet, *l'hypothèse du méson fut, de prime abord, essentiellement une hypothèse mathématique*, et non pas une image en rapport avec l'expérience (…). On intitulerait aussi bien la philosophie du méson : *des théories mathématiques du noyau d'atome aux expériences aéronautiques sur les rayons cosmiques* ». C'est nous qui soulignons.

C'est donc un rationalisme non pas unitaire – ou monolithique – mais déjà divisé ; pour mieux dire : un rationalisme dialectique.

Du côté du « Matérialisme Technique », que les problèmes de montage doivent intégrer à leur solution les conditions théoriques de leur formulation.

Les deux disciplines ne sont donc pas seulement coordonnées, mais réciproques. Cette réciprocité permet à son tour une distinction importante entre ce que nous appellerons les problèmes de la recherche scientifique et ceux qu'on peut plus strictement appeler de l'expérimentation.

Premier effet de cette distinction : la dévalorisation de la notion de « méthode ». Ou plutôt, l'idée maintes fois rappelée par Bachelard, à propos de l'exemple cartésien, que la notion de « méthode scientifique générale » est une notion vide, qui manque le mouvement réel du savoir. Les textes essentiels à cet égard se trouvent dans *Le nouvel esprit scientifique*, et dans le Discours déjà cité sur « Le problème philosophique des Méthodes Scientifiques ». Titre en lui-même significatif puisqu'il indique bien que, selon Bachelard, il n'y a pas *une* mais *des* méthodes, spécifiques de chaque science ; et même de chaque époque déterminée d'une science donnée.

Ce qui est intéressant pour Bachelard, et on le comprend mieux lorsqu'on a découvert la fonction de l'épistémologie, ce n'est pas le système de concepts dans lequel le savant pense *après coup* l'ordre de sa recherche ; ce que sont tous les Discours de la Méthode. Mais la réalité de la recherche, dans ses hésitations, ses échecs, ses erreurs ; bref, à son « sommet », selon les termes de Bachelard, c'est-à-dire au niveau de la difficile formulation des problèmes.

Problématique

Bachelard disait déjà en 1927 que le *sens du problème* était le nerf du progrès scientifique ; c'est une idée qu'il n'a cessé d'approfondir par la suite. Elle trouve son expression la plus achevée dans *Le rationalisme appliqué*, lorsque Bachelard énonce le concept nouveau de *problématique*, pour rendre compte, dans le cadre de la nouvelle épistémologie, de ce qu'il avait jadis essayé de penser sous la métaphore mathématique de *corps de problèmes* – de même qu'il avait essayé de penser l'ensemble des concepts du matérialisme technique sous la métaphore de « corps d'expérience et de précaution »[1]. Le concept de problématique bénéficiant des relations qu'il entretient avec les autres concepts du *Rationalisme appliqué* est plus riche.

Il est la notion positive qui « tient lieu d'ailleurs » suivant la terminologie que nous avons proposée – de l'idée philosophique de « donné » ; elle résorbe la notion traditionnelle de doute, corrélat de la notion de méthode générale. Explicitons ce dernier point : il apparaît à Bachelard – à travers Descartes – que si l'on admet l'existence d'une méthode générale de la connaissance scientifique, le doute qui en constitue le premier temps ne parviendra jamais à se spécifier. Ce qui revient à dire que, purement formel, il ne permettra de produire aucune rectification, donc aucune connaissance. Nous pouvons lire, par exemple, dans *La formation de l'esprit scientifique* :

> La confiance de Descartes dans la clarté de l'image de l'éponge est très symptomatique de son impuissance à installer le doute au niveau des détails de la connaissance objective, à développer un doute discursif qui désarticulerait toutes les liaisons du réel, tous les angles des images[2].

---

1. Qu'il nous soit permis de noter, à ce propos, que ces métaphores empruntées aux mathématiques ne sont pas isolées dans l'œuvre de Gaston Bachelard. On peut même dire que l'armature du vocabulaire de sa philosophie est de *type scientifique*. Si l'on a égard au fait que cette armature est, dans la philosophie traditionnelle, de type moral, religieux ou juridique, on se risquera à affirmer qu'il s'agit ici d'un indice de la nouveauté de la philosophie bachelardienne : une philosophie qui refuse d'être le véhicule de valeurs idéologiques extra-scientifiques doit s'en défendre d'abord au niveau des mots qu'elle emploie. Nouvelle raison du dépaysement qu'on éprouve à la lire.

2. *La formation de l'esprit scientifique*, p. 79.

Nous pouvons ajouter que notre étude nous a prouvé que tout reposait en définitive sur l'idée philosophique de chercher hors de la connaissance un objet qui lui serve de fondement.

C'est précisément de la disqualification de la notion philosophique d'objet que tient compte là notion de problématique inventée par Bachelard. On pourrait dire qu'elle lie les concepts de *donné* et de *doute* sur un autre terrain ; sur celui de la connaissance comme processus d'objectivation. Bachelard écrit ainsi :

> Le doute universel pulvériserait irrémédiablement le donné en un amas de faits hétéroclites. Il ne correspond à aucune instance réelle de la recherche scientifique. La recherche scientifique réclame, au lieu de la parade du doute universel, la constitution d'une problématique. Elle prend son départ réel dans un problème, ce problème fût-il mal posé. Le moi-scientifique est alors programme d'expériences, tandis que le non-moi scientifique est déjà *problématique constituée* [1].

Ainsi, pour le travail du savant, il ne saurait y avoir d'inconnu indéterminé ; l'inconnu indéterminé n'a pas d'intérêt pour lui ; tout son effort est au contraire de préciser l'inconnu. C'est au niveau de ces précisions que l'épistémologue nouveau devra à la fois, suivant sa constante double tâche, défendre le savant de l'intrusion de notions extra-scientifiques et s'instruire lui-même sur l'allure du progrès d'une science déterminée à un moment donné de son histoire.

EMPRUNTS SCIENTIFIQUES

Mais Bachelard nous permet d'aller plus loin encore dans la détermination – nécessairement formelle – de la structure de toute production de concepts scientifiques. Il montre, en effet, surtout dans *Le rationalisme appliqué*, que les problématiques

---

1. *Le rationalisme appliqué*, p. 51.

des diverses sciences ne sont pas indépendantes les unes des autres, mais seulement relativement autonomes, que des zones de recouvrement partiel peuvent apparaître. Ce qu'il appelle le *trans-rationalisme*[1] et qu'il montre à l'œuvre à propos de la piézo-électricité est intéressant dans la mesure où elle peut nous permettre de poser les éléments d'une théorie des emprunts scientifiques.

La trans-rationalité s'établit, écrit Bachelard, au terme d'un long travail théorique par l'intermédiaire d'une organisation algébrique. Elle n'a rien à voir avec une correspondance vague établie par un empirisme sans scrupule au *départ* de la connaissance[2]. C'est, au contraire, au niveau d'une organisation technique raffinée par la détermination de variables sans cesse plus précises – et jusque là non remarquées – que des « interférences » de domaines de rationalité peuvent se produire.

Disons cependant que les principes qui nous sont donnés par Bachelard ne sont pas exposés sur un assez grand nombre d'exemples pour que nous puissions nous faire une idée précise des mécanismes qui règlent dans le détail ces emprunts scientifiques. Mais du moins, formellement, les principes sont posés et le champ dégagé. Il n'y a plus qu'à se mettre au travail…

Terminons cet exposé des concepts majeurs de la nouvelle épistémologie par un point auquel Bachelard a accordé, depuis

1. *Le rationalisme appliqué*, p. 121 et 129.

2. *Ibid.*, p. 133 : « La question ne se pose donc plus de définir un rationalisme général qui recueillerait la partie commune des rationalismes régionaux. On ne retrouverait dans cette voie que le rationalisme minimum utilisé dans la vie commune. Il s'agit, tout au contraire, de multiplier et d'affiner les structures, ce qui, du point de vue rationaliste, doit s'exprimer comme une activité de structuration, comme une détermination de la possibilité de multiples axiomatiques pour faire face à la multiplication des expériences (…). Le rationalisme intégral ne pourra donc être qu'une domination des différentes axiomatiques de base. Et il désignera le rationalisme comme une activité dialectique, puisque les axiomatiques s'articulent dialectiquement entre elles ». Nous pensons inutile de répéter ici un commentaire de ce texte remarquable ; l'ensemble de notre étude nous semble remplir cette tâche.

La formation de l'esprit scientifique, la plus haute importance : cette organisation de la production des concepts scientifiques ne se fait pas dans l'espace pur d'esprits éthérés. Elle se matérialise sous forme d'institutions, de rencontres, de colloques...

Il s'est par conséquent constitué ce qu'il appelle une « cité scientifique » ; et il ne cesse d'attirer l'attention sur le caractère hautement social de la science moderne. Bachelard invite donc à mesurer la *cohésion de cette cité et son efficacité*.

Son *efficacité* : par les « communications » qui s'y font et dont Bachelard indique qu'on doit les considérer comme « pédagogie réciproque »[1] les théories circulent plus vite et permettent une accélération des découvertes. Bachelard écrit dans *L'activité rationaliste* : « Le travailleur isolé doit avouer qu'il « n'aurait pas trouvé cela tout seul »[2].

En retour, sa *cohésion* permet d'éliminer toute aberration qui tiendrait au caractère subjectif de tel ou tel chercheur. La science moderne est délivrée de toutes les rêveries qui encombrent la science des siècles antérieurs. En ce sens, les obstacles épistémologiques se forment plus difficilement – d'où, semble-t-il, l'accélération du temps scientifique à notre époque – bien qu'inévitablement ils apparaissent, comme nous en avons montré la nécessité de principe.

Conclusion : c'est la cité scientifique qui est créatrice de ses propres *normes*. C'est donc elle qui est détentrice des critères d'objectivité ou de vérité. On saisit cette fonction, montre

---

1. *L'activité rationaliste*, p. 6. On peut lire à la même page ce passage de polémique anti-philosophique : « L'École – en sciences – n'hésite pas. L'École – en sciences – entraîne. La Culture Scientifique impose ses tâches, sa ligne de croissance. Les utopies philosophiques n'y peuvent rien. L'idéalisme ne montre rien. Il faut se mettre à l'école, à l'école telle qu'elle est, à l'école telle qu'elle devient, dans la pensée sociale qui la transforme ».

2. *Le rationalisme appliqué*, p. 23 : « Le véritable savant est toujours en situation d'écolier ». A sous-entendre : « le philosophe, lui, fait toujours le professeur ».

Bachelard, sur la région technicienne de la cité : on peut y lire, *matériellement*, les caractères de la cité scientifique en général.

Ainsi, dans *Le matérialisme rationnel*, Bachelard montre que dans la chimie contemporaine le « réactif », produit usiné, standardisé selon des normes universelles, est une bonne illustration du caractère social de la science moderne[1]. Il fait la même démonstration à propos de l'homogénéité des métaux dans *Le rationalisme appliqué*.

Nous en concluons que la cité scientifique tient lieu mais ailleurs de la Raison des philosophes ; mais il est étrange de voir Bachelard dans *Le rationalisme appliqué* essayer de fonder l'apodicticité des valeurs scientifiques dans un vocabulaire de type psychologiste. Il essaie de montrer – très ingénieusement – que le caractère social est d'abord un caractère inter-subjectif, que cette intersubjectivité de la connaissance objective produit une *division* dans le sujet, et que c'est dans cette division que se loge l'obligation que nous ressentons lorsque nous entrons en contact avec une valeur de la science.

Il semble que par là Bachelard ait voulu résoudre un problème, dont les termes mêmes lui étaient interdits dès lors qu'il avait rompu avec la conception d'une Raison productrice de normes telle que la constituait la problématique philosophique. Nous nous demandons si, au terme de sa réflexion, Bachelard n'a pas été soudain pris de « mauvaise conscience philosophique ». Ces recherches seraient une tentative, accidentelle dans son œuvre, pour rejoindre le terrain des Philosophes et s'y justifier.

Ainsi, à l'issue du travail épistémologique de Gaston Bachelard, nous pouvons dire, pour employer un autre vocabulaire que s'est trouvé édifié le concept d'un mode de production

---

1. *Le matérialisme rationnel, op. cit.*, p. 78.

théorique[1] : où les principes formels, invariants de tout mode de production théorique, sont posés et mis à l'épreuve sur la Physique et la Chimie du début du xxe siècle. Après avoir vu par quel travail polémique le champ de ce nouveau concept était dégagé, nous venons de voir quelles sont ses articulations internes.

Mais il apparaît qu'ayant construit le concept de mode de production théorique, Bachelard se mettait par là-même en mesure de penser le *passage* d'un mode de production déterminé à un autre. Même s'il n'a jamais traité dans son œuvre le problème dans toute sa généralité ; on peut le voir du moins à l'œuvre sur des notions particulières.

C'est en quoi il fonde un nouveau concept d'Histoire des Sciences.

LE CONCEPT D'HISTOIRE DES SCIENCES

Ce concept qui n'est pensé pour lui-même que dans les derniers ouvrages et dans une «Conférence au Palais de la Découverte» faite en 1951 est déjà présent, à l'état *pratique*, dans la thèse complémentaire de 1927 qui s'intitule : *Étude sur l'évolution d'un problème de Physique : La propagation thermique dans les solides*.

Cet ouvrage commence par ces mots :

> On croit aisément que les problèmes scientifiques se succèdent historiquement par ordre de complexité croissante, sans qu'on fasse toujours effort pour se replacer par la pensée devant le problème tel qu'il s'offre à l'observation primitive.

Toute la nouveauté de l'entreprise est inscrite dans cette phrase. Cette nouveauté s'affirme polémiquement contre une «histoire» positiviste dont elle prend explicitement le contrepied ; elle se définit positivement comme effort pour se replacer à

---

1. Concept avancé par Louis Althusser.

un point de vue antérieur. Mieux : cet effort n'a rien d'esthétique, il ne s'agit pas de revivre un passé, mais de le *juger* car « la solution trouvée réfléchit sa clarté sur les données ».

Ainsi, le premier caractère de cette Histoire sera sa *normativité* : Bachelard y revient plus d'une fois. Il l'affirme contre « l'hostilité naturelle de l'historien à tout jugement normatif ». Deuxième caractère qui apparaît d'emblée : le jugement porté sera *récurrent*. C'est en quoi l'histoire des sciences ne saurait être, selon Bachelard, une histoire « tout à fait comme les autres ».

Premier effet de ce double caractère : tout un genre de recherches se trouve disqualifié ; le travail qui consiste à chercher un *précurseur* à toute découverte scientifique. Ainsi, dans *Le rationalisme appliqué*, Bachelard s'en prend à l'opinion de ceux qui voyaient dans Hegel un précurseur de Maxwell : « Rien dans la philosophie de Hegel ou de Schelling ne préparait la synthèse des domaines de l'électricité et de l'optique. (...) Les fondements s'établissent par récurrence. On voit le fond à partir du sommet »[1]. De même, dans *L'activité rationaliste*, il s'en prend à ceux qui, sous prétexte que Raspail a proposé l'*image* de l'atome planétaire en 1855 en font un précurseur de Rutherford et de Bohr[2].

Bohr et Rutherford eux ne proposaient pas une image, mais un concept ; entre les deux, comme il a été démontré, il n'y a pas

1. *Le rationalisme appliqué*, p. 153. « Et pourtant, écrit Bachelard, Schelling a pu penser que l'aspect *lumineux* de certains phénomènes *électriques* était un indice de l'unité de principe de la lumière et de l'électricité. Or, de toute évidence, le rapprochement opéré par Schelling est *superficiel* ». Il n'est pas fait dans la juste perspective d'un *Rationalisme appliqué* : « Il n'engage aucune pensée constructive ; il ne peut promouvoir aucune technique ».

2. *Le rationalisme appliqué*, p. 69. Raspail écrivait. « Supposez une série de wagons en mouvement et sans qu'on aperçoive la locomotive : ce mouvement pourra être expliqué tout aussi bien par l'hypothèse de la *traction* que par celle de l'*impulsion*, la locomotive pouvant être également supposée placée devant ou derrière le convoi ». Telle est la justification que Raspail donne à son « astronomie atomistique ».

de continuité possible. L'Histoire des Sciences ne peut prononcer ses jugements qu'instruite par l'épistémologie.

Mais où s'instruit l'épistémologie elle-même ? Sur la science vivante, avons-nous vu, à la pointe de sa recherche. La conséquence est immédiate : la récurrence ne pourra être faite pour toujours ; elle sera sans cesse à refaire. Ainsi Bachelard écrit dans sa Conférence :

> Dans la proportion où il sera instruit de la modernité de la science, l'historien des sciences fera apparaître des nuances de plus en plus nombreuses et de plus en plus fines dans l'historicité de la science… Il semble que la claire Histoire des sciences ne puisse être tout à fait contemporaine de son déroulement.

Donc, s'il devra se garder soigneusement des fausses récurrences – en quoi consiste la recherche des précurseurs – s'il devra procéder avec *tact*, comme dit Bachelard, il devra aussi s'attacher à la valeur progressive du passé de la science.

Mais l'épistémologie historique nous enseigne déjà que la science progresse par saccades, par mutations brusques, par réorganisations de ses principes : bref, par franches dialectiques. C'est pourquoi, l'Histoire des Sciences devra elle-même être dialectique : elle s'attachera particulièrement à ces moments « critiques » où les bases d'une science se réorganisent.

Elle verra dans les principes abandonnés l'effet dans la pratique de la science de certains « obstacles épistémologiques » que l'épistémologie l'instruira à caractériser. Dès lors, on comprend que Bachelard ait été amené à distinguer entre deux sortes de moments critiques :

– le moment où sur un point au moins, dans un domaine déterminé, le tissu de l'idéologie préexistante est déchiré et où la scientificité s'instaure. C'est ce qu'il appelle le moment de la *rupture* ;

– le moment, où alors qu'on est déjà entré dans la scientificité, la science déterminée réorganise ses bases : on appelle ce moment *refonte* ou réorganisation.

L'effet de cette distinction est de scinder en deux l'histoire des sciences; en effet, en procédant de réorganisation en réorganisation, on aura d'un côté l'Histoire claire et rapide des positivités[1], de l'autre l'Histoire plus lente du négatif. Soit la distinction proposée par Bachelard entre Histoire sanctionnée, et Histoire périmée.

Mais il va de soi que la tâche de l'historien des sciences est de ne négliger ni l'une ni l'autre, et de bien voir qu'elles entretiennent des relations réciproques. Or, cela ne manquera pas de lui apparaître s'il est, comme il doit l'être, épistémologue.

Tels sont réduits à leur schéma logique les caractères de la nouvelle discipline dont Bachelard nous donne les principes. Comme on a pu le voir, chacun de ces caractères est l'effet d'un concept de l'épistémologie nouvelle. On peut dire que dès lors qu'elle était devenue historique, au sens où elle prenait pour objet l'historicité des concepts produits par la connaissance scientifique, l'épistémologie « enveloppait », dans un style spinoziste, un nouveau concept d'histoire des sciences et une nouvelle discipline qui s'y ordonne.

1. Celle qui apparaît, selon l'expression de la *Conférence*, comme « liquidation du passé » et dont la plus régulière est l'histoire des mathématiques.

III. RE-TRAVAIL DES CONCEPTS

Rien n'était donc plus grotesque pour Gaston Bachelard que ces philosophes, ces professeurs de philosophie, qui passent leur vie en « soutenance continuée »[1].

« Tel philosophe, écrivait-il, visant sans doute Meyerson, sa cible d'élection, qui écrit à soixante ans défend encore la thèse qu'il soutint à trente ans ». Cette permanence, il la tenait pour immobilisme : loin d'être le gage d'une fermeté dans les principes, elle était à ses yeux le signe d'un néant de pensée ou, pour employer une de ses expressions, d'une contre-pensée. C'est qu'il voyait – comme nous l'avons démontré – dans l'activité de la pensée scientifique le modèle de ce que doit être une pensée progressive : la rumination philosophique lui paraissait dérisoire lorsqu'il la confrontait aux démarches audacieuses de l'esprit scientifique.

Or, il lui est apparu que la science se constituait de ses constantes réorganisations. Si, comme il en a pensé théoriquement la nécessité, la philosophie l'accompagne, il faut qu'elle aussi procède constamment à des « révisions » de ses principes ; Bachelard dit souvent des « revisées » ; autre façon de dire qu'elle doit être et rester « ouverte ». Nous voilà donc autorisés à prendre Bachelard au mot et à voir si, au contact des sciences, il a bien procédé, comme il y invite ses pairs, au re-travail de ses concepts.

Notre tâche se trouve facilitée de ce que, deux fois dans son œuvre, Gaston Bachelard a traité de la même problématique.

---

1. *Le rationalisme appliqué*, p. 43.

Comme l'écrivait M. Canguilhem dans son article sur « Bachelard et les Philosophes » aux *Intuitions atomistiques* répond *L'activité rationaliste de la physique contemporaine*, au *Pluralisme cohérent de la chimie moderne* répond *Le matérialisme rationnel*. À cette confrontation, on pourrait sans doute objecter que les seize années qui séparent ces ouvrages ne sont pas suffisantes à avoir produit d'autres modifications que de détail dans la pensée de l'auteur ; mais, il nous a précisément appris que l'histoire des sciences, si l'on peut dire, ne fonctionne pas à l'année. Elle a son temps propre : ses années lentes, ses années vives et nous avons montré au début de cette étude comment la conscience qu'a eue Bachelard de l'accélération prodigieuse du temps scientifique à son époque, avait été déterminante pour sa philosophie. Il écrivait, rappelons-le, qu'une décade de son époque valait des siècles des époques antérieures. La philosophie de G. Bachelard ne peut manquer d'avoir été transformée de cette évolution saccadée.

Le projet justifié, il reste encore quelques questions à poser, quelques observations à proposer avant d'entrer dans le vif des textes. Première observation : il est clair que le jugement : « Une décade de notre époque *vaut* des siècles des époques antérieures » ne peut être formulé que par une pensée récurrente. Nous devons donc procéder aussi, à propos de sa philosophie, par récurrence.

Mais il va de soi qu'il s'agira d'une récurrence fragmentaire : être complètement fidèle à l'enseignement de Bachelard nous imposerait d'examiner la période de l'histoire des sciences dont il a traité à la lumière des derniers développements des Mathématiques, de la Physique et de la Chimie. Il n'en est évidemment pas question ici, et l'on s'attachera seulement à faire fonctionner la récurrence des années 50 aux années 30.

Deuxième observation : par une nécessité dont nous pensons avoir démontré le mécanisme théorique, la philosophie de Bachelard, attentive à sauvegarder la connaissance scientifique de ce qui l'entraverait, est essentiellement polémique. Rappelons que dans *La dialectique de la durée* il écrit : « Toute connaissance au moment de sa constitution est une connaissance polémique; elle doit d'abord détruire pour faire place à ses constructions»[1]. C'est ce mouvement *dialectique* qu'il donne pour tâche à la nouvelle épistémologie de respecter et de faire respecter. Or, Bachelard, très sensible aux conjonctures théoriques, sait où sont « les points de sensibilité philosophique », ou encore «quels sont les fronts sur lesquels il faut se battre». Mais ces fronts *se déplacent*: en 1930, on peut dire que le front principal, c'est le réalisme-empirisme; en 1950, la menace semble venir de l'idéalisme-existentialisme. Les attaques contre Meyerson font, pour une part, place aux charges contre Sartre qui, comme on l'a rappelé, se trouve, dans le dernier ouvrage de Bachelard, rangé au nombre des « alchimistes attardés ».

On a vu ce qu'une analyse notionnelle pouvait retenir de telles variations; mais l'analyse historique à laquelle nous allons nous livrer ici et que nous concevons comme complémentaire doit être attentive non plus au principe théorique de la variation mais à son mouvement. Nous noterons donc que dans ses derniers ouvrages Bachelard est plus sensible qu'il ne l'était vers 1930 aux variantes idéalistes de l'idéologie «empiriste» fondamentale dont Meyerson reste pour lui l'incarnation. Or, selon le front où il lutte, ses thèses sont infléchies dans un sens ou dans un autre. Pour la dire à sa manière, nous n'avons de chance de saisir le mouvement de sa philosophie que dans la dialectique de ses refus.

Ces principes généraux posés, nous pouvons entrer dans le détail très précis – voire même très technique – des textes de Bachelard.

Dans la *Conférence au Palais de la Découverte* déjà citée, il soulignait l'intérêt qu'il y aurait à suivre l'histoire de l'histoire des sciences. La tentation était grande d'appliquer cette suggestion à Bachelard lui-même et nous aurions pu alors présenter une «Histoire des Histoires bachelardiennes». Malheureusement,

---

1. *La dialectique de la durée, op. cit.*, p. 14.

comme on l'a vu, s'il est vrai que le concept d'Histoire des Sciences fait l'objet d'une élaboration prolongée dans l'œuvre de Bachelard, l'histoire des sciences y est rarement pratiquée comme telle. C'est pourquoi il est préférable de parler de re-travail des concepts, au nombre desquels figure précisément le concept d'Histoire des Sciences. Il nous a semblé pourtant que sur un point précis et très limité, on pouvait essayer de mettre en œuvre cette méthode de l'historique de l'histoire. Il s'agit de la photochimie.

HISTOIRE DE L'HISTOIRE DE LA PHOTOCHIMIE

Il ne s'agit pas de nous donner la commodité d'un exemple précis, mais d'examiner un cas dont Bachelard a souligné l'importance et sur lequel il est revenu plusieurs fois.

Il en a souligné *l'importance* : en 1934, il écrivait dans un article de la *Revue de Métaphysique et de Morale* intitulé « Lumière et Substance »[1] : « La photochimie est placée à un point d'inflexion épistémologique qui doit attirer l'attention du métaphysicien soucieux de s'instruire auprès de la science positive ». Je propose de comprendre par son *lieu* la mention de cet être assurément chimérique aux yeux de Bachelard : un *métaphysi-cien* qui s'instruise près de la science positive. Mais peu importe.

Retenons qu'il s'agit d'un « point d'inflexion épistémologique ». L'essentiel, une fois de plus, est dans la métaphore mathématique : rien n'est plus intéressant ni plus caractéristique, en épistémologie comme en mathématique, qu'un point d'inflexion.

Bachelard examine ce point d'histoire des sciences dans quatre textes : *Lumière et Substance*[2], puis *Le rationalisme*

---

1. Repris dans G. Bachelard, *Études*, Paris, Vrin, 1970, p 68-69.
2. Repris dans *Études*, *op. cit.*

appliqué, Le matérialisme rationnel et *L'activité rationaliste.*
Soit un texte de 1934 et un groupe de textes des années 1950.
Notre exemple est pertinent.

Première constatation – qui pourrait être une objection – dans
l'article de 1934, l'Histoire de la Lumière est beaucoup plus briè-
vement, beaucoup plus grossièrement exposée que dans le
chapitre I de *L'activité rationaliste.* Cela tient sans doute à ce que
dans un article on n'a ni le loisir ni l'envie de développer autant
sa pensée que dans un ouvrage. Mais c'est secondaire, puisque
Bachelard écrit : « Plus courte sera l'histoire, plus nette sera la
démonstration ». Nous n'avons donc pas à avoir de scrupule à
comparer deux textes d'inégale longueur.

Si nous partons du plus apparent, du plus schématique aussi,
nous noterons d'abord les étapes de l'histoire de la lumière – à
l'intérieur de laquelle la photochimie trouvera place – telles
qu'elles nous sont données en 1934 :

a) le XVIIIe siècle pré-scientifique caractérisé comme époque
du réalisme naïf ;

b) un « événement décisif » : Fresnel ;

c) le XXe siècle où, dit-il, *les problèmes changent de sens.* Il y
a une révolution épistémologique.

Dans *L'activité rationaliste* : les dates essentielles sont les
mêmes. Et l'intervention de Fresnel est jugée décisive comme en
1934. Nous lisons : « Enfin Fresnel vint qui institua l'optique sur
une base indestructible. L'œuvre de Fresnel gardera toujours une
valeur de culture qu'il faudra assumer »[1]. Ce qui fait que Fresnel
a une valeur scientifique pour toujours, c'est qu'il a établi en
optique « le gouvernement des mathématiques ». Voilà une
assertion qui ne saurait nous surprendre. Mais lorsqu'il a à caractériser l'optique contemporaine, Bachelard ne dit plus que
les problèmes changent de sens. Il dit que l'on assiste à une
« synthèse historique ». Ce qui lui paraît intéressant c'est
qu'il puisse y avoir synthèse dans la discontinuité. Si subtile

1. *L'activité rationaliste, op. cit.*, p. 44.

qu'elle soit, nous proposons de prendre au sérieux cette variation dans les formules ; de la considérer précisément comme l'indice d'un re-travail de concepts.

Disons qu'en 1934 Bachelard éprouve le besoin, contre Meyerson – l'homme-de-la-continuité – d'affirmer la discontinuité radicale de la science optique contemporaine. Tout s'éclaire donc selon nous – ce qui donne une autre portée à la remarque que nous faisions tout-à-l'heure – si l'on voit que dans *Lumière et Substance*[1], c'est bien à des métaphysiciens que Bachelard s'adresse. Lorsqu'il affirme que les «problèmes changent de sens», il faut entendre : «les problèmes qui se posent au métaphysicien». En 1950, Bachelard a constitué son épistémologie de la disqualification de toutes les métaphysiques existantes ; nous avons vu comment c'est d'avoir réglé son compte à toute philosophie qui a ouvert le champ de son épistémologie historique.

Donc lorsqu'il parle maintenant de «réorganisation du savoir», ce n'est plus au sens des problèmes généraux de la connaissance, mais c'est du savoir scientifique qu'il s'agit. Il dispose alors du concept nouveau de «problématique» et conçoit l'histoire comme mutation dans les problématiques. Ainsi, nous pouvons comprendre comment il peut désigner cet instant comme synthèse historique, c'est-à-dire comme instant du processus de *rupture* inauguré par Fresnel. Nous comprenons aussi pourquoi Bachelard ne pouvait pas en 1934 désigner cet instant comme synthèse – mieux : le *penser*, à la fois comme synthèse et discontinuité – il ne pouvait que le ressentir et l'affirmer, dans une nécessaire polémique, comme discontinuité radicale.

Bref, par récurrence, nous pouvons saisir sur ce point le re-travail de Bachelard qui va *de la conscience de rupture comme fait au concept affiné de rupture comme processus*. Nous croyons donc pouvoir avancer qu'en dépit de l'apparente simili-

---

1. Repris dans *Études*, *op. cit.*

tude des dates, l'histoire dans les deux textes envisagés n'est pas écrite de la même façon. Plus précisément, l'histoire n'est pas pensée en 1934. Pour la penser, il fallait à Bachelard le système organique de concepts dont il ne disposait pas alors et que seule la constitution de l'épistémologie historique pouvait lui permettre de former.

Nous en tirerons une confirmation et une conclusion : une confirmation du fait que la formation du concept d'Histoire des Sciences est contemporaine du *Rationalisme appliqué*, pour les raisons à notre sens décisives indiquées par ailleurs ; une conclusion : dans les textes des années 1930 la présence de certains mots, de certaines expressions, voire de certains concepts est l'effet de l'absence en personne d'autres concepts ; c'est à leur écoute qu'il faut se mettre.

Cela nous engage donc à scruter le détail de notre texte. Concernant le xviiie siècle la caractérisation, avons-nous vu, est en tous points identique : il s'agit du réalisme naïf ; si le mot d'obstacle épistémologique n'apparaît pas dans le texte de 1934, le concept en est déjà présent : Bachelard se propose en effet de montrer qu'au xviiie siècle la science des actions chimiques de la lumière – ce qui sera la photochimie – ne peut se constituer, et il écrit : « Un chimiste ne peut alors imaginer qu'un phénomène n'appartienne à une substance ». Nous reconnaissons là ce qu'il désignera, selon la terminologie de *La formation de l'esprit scientifique*, comme un obstacle substantialiste. De fait, à l'appui de cette thèse il cite deux fois le même texte de Macquer : « La propre substance de la lumière se fixe dans toutes les plantes et entre matériellement dans la composition du seul de leur principe qui soit combustible, c'est-à-dire leur partie huileuse. (…) La lumière devient cause de toutes les couleurs »[1]. Ce texte nous montre que c'est l'image de l'absorption matérielle, réquisit de l'obstacle substantialiste, qui clôt la recherche et provoque un arrêt de la pensée.

---

1. Macquer, *Dictionnaire de Chimie*, t. II, p. 292.

Mais un autre texte que Bachelard cite trois fois – dans nos deux textes et dans *Le matérialisme rationnel* – permet d'apporter des précisions. Ce texte date de l'An II, il est de Fourcroy; en voici les passages essentiels :

> Ce que l'on appelle la couleur bleue ou rouge est produit par la décomposition du faisceau lumineux dont tous les rayons sont absorbés, exceptés le bleu et le rouge. (…) Si les substances qu'on expose à la lumière, ou qu'on tient plongées dans ses courants, éprouvent quelque altération et changent de nature sans aucune autre cause connue, il faut bien que ces changements soient dus à la lumière, que ce corps en soit l'agent et qu'il les produise par attraction chimique [1].

En 1934, Bachelard ne voit dans ce texte qu'un bel exemple «d'une argumentation rivée à l'expérience sensible immédiate». En 1951, il dit bien plus. Dans *L'activité rationaliste* il écrit :

> Étant donné qu'à la fin du XVIIIᵉ siècle, les forces de gravitation et les forces de l'affinité chimique sont conçues comme de même nature, Fourcroy peut conclure que les changements que la lumière apporte aux substances chimiques prouvent que la lumière est un corps et qu'elle produit ces phénomènes de diffraction par *attraction chimique*.

Il ne s'agit pas du déplacement du commentaire sur une expression particulière : l'attraction chimique. Ce que Bachelard nous montre ici c'est le *pourquoi* de l'obstacle substantialiste, au niveau théorique de son insertion dans une problématique historiquement déterminée. Il faut comprendre le : «Fourcroy peut conclure» comme un «Fourcroy ne peut pas ne pas conclure». Bref, il s'agit d'une autre manière d'écrire l'Histoire des Sciences.

---

1. Fourcroy, *Éléments d'Histoire Naturelle et de Chimie*, t. I, p. 111-112.

Si nous en voulions confirmation, nous la trouverions dans *Le matérialisme rationnel*. Citant le même texte de Fourcroy, Bachelard ajoute :

> Voici un texte bien dangereux pour l'historien des sciences s'il ne juge pas en fonction des nuances philosophiques multiples susceptibles de séparer les raisons des faits. On pourra en effet affirmer que la formule : "la lumière agit *chimiquement* sur les corps" correspond à une *réalité* abondamment vérifiée par l'expérience immédiate ; on pourra ajouter que cette *vérité* a été sanctionnée par toute une science appelée justement : photochimie [1].

Or, l'objet de sa démonstration est ensuite, de dénoncer le caractère vicieux de cette récurrence : précisément parce que Fourcroy ne pouvait pas ne pas buter sur l'obstacle substantialiste de l'absorption.

Encore une fois, ici par un blanc, nous saisissons l'effet de l'absence du concept de problématique dans le texte de 1934. Il nous reste une dernière remarque à faire pour avoir, nous semble-t-il, épuisé les deux textes que nous envisageons ici : c'est à propos de la science photo-chimique, cette fois-ci toute positive. Dans *Lumière et Substance* [2], Bachelard adhère, malgré quelques réserves, à la théorie de Perrin qui avait proposé de rétablir la notion de *choc* comme cause de la réaction photochimique. Il écrit :

> Le choc devra donc, plus ou moins directement, être analysé dans ses caractères ondulatoires, et l'énergie du choc ramenée à l'énergie de la vibration. On sent alors que l'acte chimique devra tôt ou tard être analysé dans l'espace-temps. Dès lors, l'idée de substance toute entière fondée sur la séparation absolue de l'espace et du temps devra sans doute être profondément modifiée.

---

1. *Le matérialisme rationnel*, *op. cit.*, p. 88.
2 Repris dans *Études*, *op. cit.*, p. 74.

Il avoue : « On voit bien mal encore les détails de ces correspondances ». Or on lit dans *L'activité rationaliste* : « Avec la notion de choc nous sommes devant une sorte de monstruosité épistémologique » [1]. Suit toute une attaque contre le *choquisme* autre forme du *chosisme*, autre tête de l'hydre réaliste. Nous croyons que l'on peut voir ici une belle illustration d'une évaluation – réévaluation des valeurs épistémologiques : la tâche même que Bachelard assignait à la philosophie, comme on l'a vu.

Qu'on lise les pages 116 et 117 du *Rationalisme appliqué*, et on aura une idée du profit qu'il y avait à abandonner la notion de choc. Bachelard peut y assigner concernant la lumière et la couleur des axes différents de rationalité : celui de la physique, celui de la chimie, de la physiologie oculaire, de la psychologie de la sensation visuelle. On peut mesurer la distance parcourue depuis les « correspondances vagues » du texte de 1934.

RE-TRAVAIL DES CONCEPTS DE LA PROBLÉMATIQUE EN PHYSIQUE

Nous allons examiner maintenant le retravail des concepts de la problématique en Physique. Objection préalable : les deux ouvrages considérés – *Intuitions atomistiques* et *Activité rationaliste* – répondent à des projets différents. Bachelard ne dit-il pas, dans l'introduction du premier ouvrage, qu'il conçoit sa tâche comme « toute simple et toute pédagogique » ? [2]. Cet essai de classification des doctrines atomistiques classiques serait donc un livre sans prétention, à l'usage des écoliers : ils y pourraient voir quelques traits essentiels de la philosophie atomistique. Mais dans *L'activité rationaliste*, on peut lire : « Il ne faut pas faire les physiciens plus réalistes – plus traditionnellement réalistes – qu'ils ne sont en réalité et lier comme

---

1. *L'activité rationaliste*, p. 88.
2. *Les intuitions atomistiques*, *op. cit.*, p. 13.

semble le faire Meyerson l'atomisme de la science moderne à l'atomisme des philosophes »[1].

Dès lors, nous voyons ce qui se cachait derrière l'apparente modestie – on dirait volontiers l'innocence – du projet pédagogique du premier ouvrage. Une entreprise *polémique*; que Meyerson soit ici déclaré adversaire principal, symbole de l'immobilisme philosophique, ce n'est pas pour nous surprendre; mais l'essentiel, c'est de voir que par cette classification, Bachelard veut nous montrer, si j'ose dire, que les doctrines philosophiques concernant l'atome sont « classées », c'est-à-dire déclassées, qu'il faut rompre avec elles pour accéder aux concepts de l'atomisme moderne qu'il appelle alors : « atomisme axiomatique ». Nous sommes donc en droit de dire que les deux livres se répondent.

Les années 1930 sont dans la Physique des années de profondes transformations. C'est en 1930 que *Dirac* présenta son interprétation relativiste de la mécanique ondulatoire, et l'hypothèse de l'électron positif; en 1931, *Pauli* découvre les neutrinos, et en 1932, *Anderson* découvre les positions dans les rayons cosmiques. La même année est mis au point le premier cyclotron par *Lawrence*. En 1934, *Chadwick* découvre le neutron; le méson est découvert en 1936. Ces dates sont données à titre indicatif; elles concernent des événements que Bachelard à un moment ou à un autre de son œuvre a réfléchis. Mais lorsque, en 1932-1933, il écrivait *Les intuitions atomistiques*, tous les corpuscules n'étaient pas encore découverts, il n'était pas en état de mener une réflexion détaillée sur les implications des découvertes de ceux qui l'avaient été.

Il y aurait donc peu d'intérêt pour notre propos à procéder à une simple comparaison : faisant le relevé de ce qui figure dans le livre de 1933 et de ce qui n'y figure pas. Cela reviendrait à faire un catalogue des découvertes scientifiques entre 1930 et 1950; bref à nous répéter. Nous y pourrions voir seulement une preuve

---

1. *L'activité rationaliste*, p. 78.

de plus de l'accompagnement vigilant, inquiet, par Bachelard du mouvement de la science de son temps ; dans son actualité, pour reprendre un terme qui revient souvent sous sa plume. Il est intéressant pour nous de noter que dans *L'activité rationaliste*, Bachelard consacre deux chapitres, de portée générale à la notion de corpuscule (chap. 3 et 4) et qui reprennent, si l'on peut dire, à nouveaux frais l'examen de l'atomisme entrepris dans *Les intuitions atomistiques*. Lisons les premières lignes du chapitre III :

> Un philosophe qui aborde l'étude de la science physique est gêné d'abord, comme tous, par le poids des connaissances communes, ensuite, comme toute personne cultivée, par les souvenirs de sa propre culture. Ainsi, il imagine en suivant les intuitions de la vie usuelle, qu'un corpuscule est un petit corps et il pense, en hommage traditionnel, à la philosophie de Démocrite, que l'atome est un indivisible, l'ultime élément d'une division de la matière.

Il me semble remarquable de constater que si, dans *Les intuitions atomistiques*, il consacre tout son premier chapitre au poids des connaissances communes sous le titre « Métaphysique de la Poussière », et quatre des cinq autres chapitres au poids des philosophies démocritéennes et épicuriennes sur les théories atomistes récentes, dans *L'activité rationaliste* il y consacre environ cinq pages : répétons-le, ces questions sont classées. Nous lisons :

> Nous signalons toutes ces résonnances d'une discussion à base de sens commun car c'est contre elles que nous croyons utile d'établir une psychanalyse de la connaissance objective. Un philosophe qui prétend défendre la continuité de la connaissance commune et de la connaissance scientifique admettra-t-il encore de semblables arguments ? les maintenir au seuil de la culture c'est accepter la paresse d'un esprit qui se

satisfait d'imagés rapides. La science contemporaine s'est
bien libérée des objections des ignorants[1].

On pourrait donc comprendre que si Bachelard est en 1951
plus bref sur ce point, c'est qu'il considère que son travail a été
déjà fait dans *Les intuitions atomistiques*. Il y a plus, semble-t-il,
et plus nouveau, c'est en fait que Bachelard a le sentiment que
maintenant ces objections sont *impossibles*; je veux dire à
l'intérieur de la science, car de la part des philosophes tout est
possible. Ce qui est important, c'est qu'en 1951 de pareilles
objections philosophiques, ne peuvent plus entraver la démarche
progressive de la science. Elles n'ont plus d'intérêt que de
montrer la paresse philosophique et si possible, de faire comprendre à la philosophie l'inanité de sa position. Alors qu'en
1934 de telles objections étaient encore d'actualité à l'intérieur
de la science et la menaçaient. Nous en trouvons confirmation
dans *L'activité rationaliste*[2] où Bachelard montre que c'est le
caractère hautement social de la science contemporaine qui fait
qu'elle n'a plus à redouter de telles objections philosophiques
inspirées du sens commun. Il y a une cité scientifique qui sait se
défendre des intrusions philosophiques. Reprenant des développements du *Rationalisme appliqué*, il montre que celui qui ne
veut pas se plier à la discipline de cette cité est condamné à rester
à la porte, sur le seuil.

Il est évident que cette cité scientifique était déjà constituée
en 1930, mais :

a) Bachelard n'en avait pas encore élaboré le concept;

b) il est probable que la cité physicienne ou, plus précisément, sa région nucléaire n'avait pas la cohérence qu'elle a
acquise depuis lors.

Nous allons nous attacher maintenant à rendre compte d'une
rectification que Bachelard opère dans le second livre, qu'il nous
livre comme telle et qui mérite donc toute notre attention. Dans

1. *L'activité rationaliste*, p. 41.
2. *L'activité rationaliste*, p. 42.

L'activité rationaliste, il écrit, en effet, à propos de l'expérience de *Millikan* :

> Puisque nous nous donnons pour tâche de déterminer les aspects philosophiques de la science, il nous faut souligner, contre les jugements que nous avons portés nous-mêmes en d'autres circonstances, que les expériences de Millikan se développent dans une perspective réaliste, voire dans une perspective chosiste [1].

Je rappelle avant d'entrer dans la description que ces expériences ont eu lieu en 1925-1926 et qu'elles avaient pour but de déterminer la masse et la charge élémentaire de l'électron. Voici en quoi consistait l'expérience de Millikan : Darmois, dans son livre intitulé *L'électron* [2], résume ainsi l'idée centrale de Millikan (nous choisissons Darmois car c'est un livre auquel Bachelard a plusieurs fois recours) :

> À l'aide d'un vaporisateur, on introduit entre les plateaux d'un condensateur de très fines gouttes d'un liquide non volatil (huile, mercure). Ces gouttes sont électrisées par leur passage dans le vaporisateur; en l'absence de champ dans le condensateur, elles tombent lentement; en mettant le champ, on peut soit accélérer, soit retarder cette chute; on peut même les faire remonter et mesurer dans tous les cas leur vitesse. En ionisant l'air compris entre les plateaux, on constate que la vitesse d'une goutte subit de brusques variations de temps à autre.

On l'interprète en admettant que la charge de la goutte varie quand elle rencontre un des ions du gaz. La comparaison des mesures montre que les charges capturées sont des multiples d'une charge élémentaire. Or, comme on connaissait, depuis 1903, une autre expérience de Millikan, le rapport e/m (énergie/masse), on peut désormais déterminer les deux termes.

1. *Ibid.*, p. 99.
2. Eugène Darmois, *L'électron*, p. 3.

Que nous disaient *Les intuitions atomistiques*?

Bachelard voyait dans cette expérience un bel exemple de ce qu'il appellera plus tard le déterminisme technique. Argument anti-réaliste. Or, vingt ans plus tard, Bachelard rectifie : « Ces expériences étaient encore réalistes ». Bel exemple pour nous de récurrence et de retravail. Il nous revient d'essayer de montrer pourquoi, en 1934, il ne pouvait pas voir, dans l'expérience de Millikan, une expérience de style réaliste, c'est-à-dire scientifiquement impure. Il ne suffit pas, en effet, de dire – bien que cela ait son importance – que c'est la polémique anti-réaliste qui l'a entraîné à infléchir son interprétation dans le sens axiomatique. Car, il ne s'agit pas ici d'une simple inflexion, mais bien d'un renversement des perspectives sur un point, à ses yeux, fondamental.

Je vais proposer à nouveau de voir dans cette *inversion* l'effet de l'absence de certains concepts, scientifiques et épistémologiques, que nous pouvons déceler en faisant fonctionner la récurrence. Nous hasarderons l'explication suivante : Bachelard ne disposait pas, en 1934, du concept majeur de *L'activité rationaliste* : celui d'électron-cause ou de corpuscule-cause. Il ne faisait pas encore la distinction entre l'atome chimique qui est une substance et le corpuscule physique qui est une cause. C'est, *mutatis mutandis*, le même genre d'hésitation dans la pensée que nous avions relevée à propos de la théorie du choc de Perrin. Nous en prendrons pour *indice* la constatation simple qu'il n'est pratiquement plus question, dans *L'activité rationaliste*, d'atomistique ; Bachelard en donne l'explication suivante :

> Voici d'ailleurs, un caractère philosophique qui distingue les corpuscules dont s'occupe la Physique contemporaine : ces corpuscules ne se présentent pas dans une intuition proprement atomistique. L'atome moderne est une hypothèse de la chimie et ses véritables caractères ressortissent à une combi-

naison d'atomes différents pour produire des molécules. Le corpuscule moderne est une hypothèse de la Physique [1].

C'est donc une incertitude dans la distinction des problématiques qui donnerait aux *Intuitions atomistiques* ce caractère mêlé d'un livre qui concerne bien souvent plus le chimiste que le physicien. Ajoutons que la distinction ne pouvais être faite avec rigueur qu'après la découverte des corpuscules. Dès lors, si nous examinons de près le texte de 1934, nous voyons Bachelard, dans le cadre d'une démonstration qui tend à prouver que la science moderne est une science d'effets – ce texte célèbre se trouve à la page précédente – écrire : « L'expérience de Millikan est pensée directement en fonction de l'électron et de l'atome ». Nous prétendons qu'ici se trouve le nœud de l'argumentation : il y a à la fois un blanc et une ambiguïté, effet symptomatique de ce blanc. Compte tenu de ce que nous dit Bachelard, en 1951, sur le caractère réaliste de l'expérience, le blanc serait : « en fonction de l'électron (à produire) » ; l'ambiguïté serait sur le « en fonction de » qui peut aussi bien valoir dans le cas d'une explication axiomatique que dans celui d'une production réaliste.

Autrement dit, lorsque Bachelard affirme qu'il a présenté l'expérience sous un jour non-réaliste, alors qu'il lui apparaît maintenant qu'elle était en fait réaliste, il devrait ajouter qu'il ne pouvait pas la penser alors comme réaliste ; car lui-même était alors encore sur ce point réaliste. Réfléchissons à ce *paradoxe* qui veut que ce soit l'excès de réalisme qui ait fait prendre à Bachelard une position axiomatique. « C'est parce qu'il concevait le corpuscule comme *chose* qu'il pouvait en faire un point fixe pour la *pensée* axiomatique. Subrepticement, de façon très subtile et raffinée, c'est le couple philosophique abstrait/ concret qui s'est ici réintroduit ». Nous y verrons la preuve que le réalisme est bien la contre-pensée dont nous parlions ; pour qu'il apparaisse comme tel, il faut que la pensée se soit épurée ; il faut

---

1. *L'activité rationaliste*, p. 90.

qu'elle puisse manifester son autre; et l'on peut dire que le réalisme est une sorte de précipité toujours renouvelé, toujours reprécipité par les conquêtes de l'esprit scientifique: impossible de se voir réaliste quand on l'est; impossible de déceler le réalisme quand on.est soi-même, à quelque degré, pris dans le tissu de ses illusions. Impossible à Bachelard de prendre, en 1934, une juste vue de l'expérience de Millikan, faute de penser le corpuscule comme cause.

Nous avons ainsi expliqué pourquoi le mot d'atomistique ne figurait plus dans *L'activité rationaliste*; il nous reste à voir pourquoi ce qui n'est plus l'atomistique n'est pas dit axiomatique». Ce point est d'importance car la caractérisation de la Physique comme axiomatique n'est pas le fait d'un seul ouvrage: en 1937, encore dans *L'expérience de l'espace dans la physique contemporaine*, le terme d'axiomatique fournit le titre du dernier chapitre. Or, nous n'avons pas relevé une seule fois ce terme dans *L'activité rationaliste*, ni d'ailleurs dans aucun livre de la période. Nous proposons de comprendre qu'à cette époque, disposant des concepts majeurs du *Rationalisme appliqué* dont nous avons souligné l'importance, Bachelard s'intéresse maintenant à ce qu'il appelle d'un mot nouveau: le *travail* de la pensée scientifique. Ce mot nouveau désigne un concept nouveau: le concept d'activité de la science comme processus de production[1]. Plus précisément, nous voyons se substituer à la notion d'axiomatique, coupable à ses yeux sans doute d'ouvrir la voie à un formalisme, un système de concepts au nombre desquels on pourrait repérer celui d'information rationnelle de l'expérience et celui d'opérateur qui jouent, comme on l'a vu, un grand rôle dans les derniers ouvrages.

Nous dirons que ce qui tient lieu de ce que visait sans doute Bachelard par sa notion d'axiomatique, c'est l'idée que la pensée de la Physique Contemporaine est « esthétique et constructive »,

1. Le mot « production » revient désormais plusieurs fois sous sa plume. Cf. *Le rationalisme appliqué*, p. 62; *L'activité rationaliste*, p. 66.

ou, pour employer l'expression du *Rationalisme appliqué*, qu'elle est marquée par une esthétique des hypothèses.

LE RE-TRAVAIL DES CONCEPTS DE LA PROBLÉMATIQUE EN CHIMIE

Bachelard écrit, dans *Le pluralisme cohérent de chimie moderne* : «Comme une révolution est déjà visible en Chimie, nous nous rendons compte que l'effort philosophique que nous avons fait pour écrire ce livre devra par la suite être repris sur de nouvelles bases». Et plus loin : «Mais toute cette science nouvelle oblige le philosophe à partir de la base de l'évolution des concepts de la mécanique quantique et de la mécanique ondulatoire. Mais nous ne pouvons entreprendre cette tâche incidemment dans le présent ouvrage» [1]. Ce sera l'affaire, à quelques détails près, du *Matérialisme rationnel* qui date de 1953.

Nous proposons de commencer par quelques réflexions sur les titres des deux ouvrages. Dans le *Pluralisme cohérent*, Bachelard se propose de montrer que la Chimie moderne est à la fois pluraliste et cohérente. Le terme important est ici : «à la fois». Son projet est de montrer une dialectique entre deux idées philosophiques dans la pensée des chimistes : le pluralisme qui provient de la multiplication des substances élémentaires et de la production de nombreux composés hétérogènes ; et l'idée d'une réduction de la pluralité qui se forme par scrupule de cohérence.

Le matérialisme rationnel est le dernier grand ouvrage d'épistémologie de Bachelard, publié deux ans après *L'activité rationaliste ;* on peut se demander pourquoi il ne l'a pas intitulé «l'Activité Rationaliste de la chimie contemporaine», d'autant que dans le cours de l'ouvrage, il lui arrive plusieurs fois d'employer cette expression. Nous croyons qu'on peut l'expliquer par la portée polémique de ces deux mots alliés : Matéria-

---

1. *Le pluralisme cohérent, op. cit.*, p. 223.

lisme et Rationnel. Plus précisément, il y a le matérialisme des philosophes que Bachelard caractérise comme une philosophie « simple, voire simpliste », puis il y a un matérialisme qui est une « science de la matière » ; bref, il s'agit, pour reprendre une distinction qu'Althusser empruntait récemment à Lénine, d'opposer la catégorie philosophique de matière au concept scientifique de la matière. Notons, d'autre part, que ni le mot ni le concept de matérialisme n'apparaissent comme importants dans *Le pluralisme cohérent de la chimie moderne*. C'est que la tâche essentielle qu'il s'assigne dans ce livre est de dégager la Chimie du caractère traditionnellement substantialiste qui lui est attribué.

Nous lisons :

> Voici un caractère un peu nouveau de notre propre ouvrage. Nous nous sommes demandé si cette philosophie Chimique était nécessairement substantialiste. Nous avons cru alors apercevoir que cette philosophie substantialiste reconnue traditionnellement comme un caractère de la Chimie, si elle éclairait la première phase de l'alternative dont nous parlions plus haut (multiplication des substances) faisait place, quand intervenait la deuxième phase à une philosophie animée par des thèmes généraux, éclairée par des vues unitaires qui sont loin de satisfaire à un réalisme aussi accentué qu'on a coutume de la dire [1].

Il y aurait beaucoup à dire sur ce texte, et l'on pourrait reprendre, à son propos, certaines des remarques que nous faisions sur la Physique. Contentons-nous d'ajouter que ces vues unitaires générales dont Bachelard parle ici ont un nom : c'est ce qu'il appelle *l'idée de l'harmonie de la matière*. Mot et concept présents à toutes les pages de l'ouvrage de 1932 et qui fournit le titre et le thème de sa conclusion philosophique. Mot et concept absents, sauf en une exception que nous analyserons de près, dans *Le matérialisme rationnel*. Nous considérons cette variation comme fondamentale. Et nous proposons de confronter

---

1. *Le pluralisme cohérent, op. cit.*, p. 7.

l'ensemble du *Pluralisme* au chapitre essentiel qui, dans *Le matérialisme rationnel*, lui répond : celui qui est intitulé « La systématique moderne des corps simples ».

Pour aller tout de suite à la conclusion, c'est précisément ce concept de systématique qui remplace, mais sur un autre terrain, le concept ou l'image de l'harmonie matérielle. Mais il s'agit d'en rendre compte selon la méthode que nous avons constamment mise en œuvre dans ce chapitre. Nous sommes obligés à un détour : dégager rapidement les thèmes majeurs du *Pluralisme cohérent*. Comme on pouvait s'y attendre, un thème est constant : celui de l'obstacle substantialiste comme entrave à la constitution de la Chimie moderne. Par exemple, il écrit[1] : « Berthelot rappelle les résultats décevants de certaines expériences de distillation si souvent répétées au cours du XVIIIe siècle. Cette méthode permettait une séparation très délicate des essences les plus diverses ». Cependant, employée pour l'analyse des substances organiques, « on reconnut, non sans surprise, écrit Berthelot dans *La Synthèse Chimique*, que toutes les substances végétales soumises à la distillation fournissent les mêmes principes généraux : de l'eau, de l'huile, du flegme, de la terre, etc. L'aliment et le poison donnent naissance aux mêmes produits généraux ; en présence de résultats aussi éloignés du point de départ, il fallut bien se résigner à reconnaître que les moyens d'analyse mis en œuvre avaient dénaturé les matières naturelles »[2].

Bachelard commente : « Ainsi, une méthode comme la distillation se révèle impropre à isoler les substances intermédiaires qui nous permettraient de concrétiser les différentes phases de la composition chimique ». Et il ajoute :

> Notre surprise devant un tel échec provient peut-être d'un préjugé substantialiste qui nous porte à voir dans la distillation une opération par laquelle – nous tirons d'une substance

---

1. *Le pluralisme cohérent*, p. 64-65.
2. Berthelot, *La Synthèse Chimique*, 1876, p. 211.

complexe des substances élémentaires. L'intuition des substances latentes est au fond de toute doctrine réaliste.

On trouverait des textes voisins dans *Le matérialisme rationnel* ; il s'agit encore de dénoncer un préjugé substantialiste et de bien marquer la distance qui sépare Chimie et Science Naturelle. Mais l'essentiel est ailleurs : une fois critiquées ces erreurs premières, Bachelard fait porter sa réflexion sur le tableau de Mendéléev, dont il dira encore, vingt ans plus tard, qu'il constitue « une des pages les plus philosophiques de l'Histoire des Sciences ». Ayant montré la nécessité de substituer aux traditionnelles classifications *linéaires* un tableau, c'est-à-dire un ordre croisé reposant sur les deux notions de valence et de poids atomique ; il montre que le génie de Mendéléev a été de se référer à un élément monovalent servant de classificateur. Mais ce qui lui paraît intéressant ; c'est qu'ainsi classifiés les éléments se répartissent par périodes, comme il le répète plus volontiers par *octaves*. C'est de la considération de ces octaves que lui vient l'idée d'une harmonie matérielle.

Il est intéressant de noter que ce n'est pas tant le tableau de Mendéléev lui-même qui mérite, aux yeux de Bachelard, de retenir l'attention du philosophe que son *évolution* : la façon dont les découvertes ultérieures se sont inscrites en lui ont plusieurs fois modifié son sens sans modifier son *ordre* ; voilà ce qui est au centre du *Pluralisme cohérent* ; c'est de cela aussi que traite *Le matérialisme rationnel*, sous la rubrique « systématique des éléments ».

Dans *Le pluralisme cohérent*, il écrit :

> Après tant de confirmations, par le fait même qu'il a subsisté bien qu'on ait touché jusqu'au principe initial qui d'abord l'avait constitué, le tableau de Mendéléev apparaît donc avec un sens profondément unitaire. C'est le *schéma* de l'ordre naturel, c'est le *résumé* de toutes les expériences qui peuvent éclairer une évolution des substances.

Or nous venons de voir que c'est par le biais de la notion d'octave chimique que le tableau de Mendéléev a donné à

Bachelard l'idée d'une « harmonie matérielle », thèse centrale de son ouvrage. Telle est du moins la genèse par lui déclarée de sa pensée. Mais à y regarder de plus près, Bachelard ne s'autorise que d'*un seul texte* de Mendéléev. C'est le suivant[1] :

> Si les propriétés des atomes sont fonction de leur poids, une multitude de notions plus ou moins enracinées en chimie doivent subir une modification, une transformation dans le sens de cette conclusion. Bien qu'il semble, au premier abord, que les éléments chimiques soient des individualités absolument indépendantes, il faut substituer actuellement à cette notion sur la nature des éléments, celle de la dépendance des propriétés des éléments vis-à-vis de leur masse. (…) Dans ces conditions, plusieurs conclusions chimiques acquièrent un nouveau sens et une nouvelle signification, des régularités apparaissent là où elles seraient passées inaperçues. Cela est vrai surtout à l'égard des propriétés chimiques.

Il faut bien avouer avec Bachelard que si l'on peut déceler dans ce texte une « préoccupation harmonique », l'expression en est « enveloppée ». Or, je le répète, c'est le seul texte cité à l'appui de cette thèse. Autant dire que ce n'est pas de Mendéléev que Bachelard tire sa notion essentielle ; mais sur lui qu'il la projette. Elle lui vient donc *d'ailleurs*. Non pas d'une philosophie ou d'une métaphysique de l'harmonie : il s'en défend bien dans sa conclusion ; mais précisément de la série des remaniements du tableau jusqu'à cette date.

Dans cette série, il observe une *substitution épistémologique*. Il écrit : « Nous avons peut-être réussi à remplacer peu à peu l'harmonie considérée comme un fait par l'« harmonie considérée comme un raisonnement ». Autrement dit, ce qui intéresse Bachelard dans la notion d'harmonie, c'est qu'elle puisse être un raisonnement ; c'est sa valeur inductive ; ou encore le fait qu'elle puisse servir de *guide* à des réorganisations – ou des rectifications – successives du savoir.

---

1. Mendéléev, *Principes de Chimie*, t. I, p. 436.

Mais, comme toujours : *valeur inductive = valeur polémique.*
La pensée harmonique est invoquée *contre* l'idée que le rationalisme doit être une philosophie d'analyse ; contre un néo-
kantisme à la Hannequin (attaqué dans *La philosophie du non* et
dans *Les intuitions atomistiques*) ; pour montrer que la loi prime
le *fait*, que l'ordre des substances s'impose comme une rationalité ; pour faire comprendre que paradoxalement – contre
l'opinion philosophique courante – la chimie, compliquée avec
4 éléments, peut devenir simple et unitaire avec 92 ou 100.
Contre surtout le réalisme des poids atomiques :

> On objectera peut-être que les poids atomiques sont connus
> par la simple comparaison des pesées et qu'on en revient ainsi
> à la primauté du Physique et même du Mécanique sur le Chi-
> mique. Mais l'objection perdra de sa force au fur et à mesure
> que s'affirmera la conception harmonique des atomes.

Ce que montre Bachelard, c'est qu'en fait les poids atomiques apportent un caractère superfétatoire à la classification
harmonique, puisque les poids atomiques n'interviennent que
par leur ordre.

Avec la découverte moderne selon laquelle l'atome d'hydro-
gène qui servait à Mendéléev d'élément classificateur, est lui-
même complexe – électriquement complexe – de nouveaux
problèmes ont surgi, mais sans remettre en cause l'ordonnance
périodique du tableau. Bachelard indique comment la justification des anomalies du tableau de Mendéléev (places inversées
et places vides) a mis sur la voie du concept de *nombre atomique*
dont il dit qu'il est « le principal facteur de l'harmonie matérielle ». Une des plus grandes conquêtes théoriques du siècle, en
ce sens que cette variable pouvait paraître éminemment factice
puisqu'il s'agit du simple numéro d'ordre qui fixe la place de
l'élément chimique dans le tableau. Or, ce numéro – d'abord
analogue à celui de la page d'un livre – prend avec les
découvertes modernes un sens résolument expérimental. Il en est
arrivé à donner vraiment la mesure de la réalité chimique des
divers éléments.

Telle est la thèse essentielle du *Pluralisme*, elle nous est confirmée de façon plus précise dans la conclusion sur la notion d'*harmonie*. Ce qui nous est donné à voir, c'est qu'un raisonnement expérimental peut se confirmer par une harmonie; Bachelard considère que c'est une extension du raisonnement inductif. La rationalité de la science repose sur des variations bien ordonnées de l'expérience plus que sur une identité monotone. Les substances chimiques, comprises dans un pluralisme cohérent et harmonique (nous proposons de lire : cohérent donc harmonique ou : cohérent c'est-à-dire harmonique), suggèrent des possibilités de construction.

Or, nous avons dit : le mot d'harmonie ne figure qu'une fois dans l'ouvrage de 1953. Voyons dans quelles conditions il apparaît :

> Sur le problème qui nous occupe, rendons-nous compte que la clarté est apportée par la multiplicité des périodes du tableau de Mendéléev. Le clair naît ici de la répétition des exemples, donc d'une multiplicité. Le thème apparaît grâce aux variations. Que saurions-nous de la doctrine des substances simples si la liste des corps simples s'achevait à la fin de la première période ? Il a fallu ce grand clavier aux multiples octaves pour que nous saisissions cette harmonie générale des substances simples[1].

Pour que tout soit clair, nous croyons qu'il faut distinguer deux parties dans la phrase :
– dans la première se trouvent les concepts;
– dans la seconde les images induites par ces concepts.

Ce qui est conceptuel, c'est : « Le clair naît de la répétition des exemples » ; ce qui est métaphorique, c'est : « le thème apparaît grâce aux variations ».

Le grand clavier, les octaves et l'harmonie – qui font trop image pour ne pas susciter notre méfiance – ne sont que le filé

---

1. *Le matérialisme rationnel, op. cit.*, p. 97.

littéraire de la métaphore ; de vieilles images viennent, au moment où l'imagination se donne libre cours, recouvrir la nouveauté du concept à la faveur d'un mot.

Pourquoi le *concept* d'harmonie disparaît-il donc complètement ? Nous en proposons deux explications complémentaires : Bachelard nous donnerait la première à la même page, lorsqu'il écrit : « Nous comprenons *maintenant* quelle impossibilité arrêtait une doctrine de la matière, quand les connaissances n'avaient pas rassemblé des documents sur un nombre suffisant de corps simples pour que se dessine l'intuition de leur *totalité*. Il fallait passer de plusieurs à tous. Et l'on ne pouvait avoir la conviction de les avoir tous avant de constituer rationnellement une doctrine de la totalité »[1]. Or, justement, une grande partie du *Matérialisme rationnel* est consacrée à examiner la découverte des derniers éléments (technécium, prometheum…) mais voici qui nous semble plus décisif : dans une courte page du pluralisme se trouve un texte dont il me semble qu'il est l'explication de l'assertion de Bachelard rappelée au début du paragraphe selon laquelle il lui faudrait reprendre cet ouvrage sur de nouvelles bases.

Ce texte nous dit : le caractère complexe de l'atome récemment découvert porte atteinte à l'harmonie matérielle telle qu'elle s'annonçait. Il est confirmé par le chapitre VI du *Matérialisme rationnel* intitulé « Rationalisme de l'énergie en Chimie », où nous voyons que c'est l'énergie qui joue maintenant le rôle de chose-en-soi. C'est maintenant la dynamique électronique qui permet d'expliquer les liaisons chimiques.

En 1932, Bachelard considère l'électron comme l'unité de matière ou encore « le véritable atome », une « unité concrète parfaite »… dans le sens où il est partout identique. Bref, c'est ce qu'on compte, parce que c'est cela seul que l'on peut compter. C'est aussi ce qui est comptable de l'organisation harmonique de ce qu'il appelle alors la *chimie électrique*. Dans *Le matérialisme*

1. *Le matérialisme rationnel*, p. 97.

rationnel, en revanche, ce qui est au centre de la pensée de Bachelard c'est la *dualité* de l'organisation électronique et de l'organisation chimique. En 1953, compte tenu des découvertes sur les corpuscules, c'est *l'énergie* qui est fondamentale aux yeux de Bachelard. Il s'agit de se rendre compte – cela nous est présenté comme un impératif – qu'il est désormais impossible de dire que la matière *a* une énergie, mais qu'elle *est* une énergie. Ce qui s'impose à la recherche, c'est la racine essentiellement énergétique des phénomènes chimiques. Il faut prendre l'énergie comme une notion première, mieux : comme une *réalité première* (entendons cette expression dans son sens rectifié, comme un réalisme de deuxième position, un réalisme travaillé). On a donc à comprendre que les réactions chimiques sont en dernière instance des rapports d'énergie. Mon insistance ne fait que répéter celle de Bachelard. Il est facile de voir la nouveauté de ces thèses par rapport à la problématique du *Pluralisme cohérent*.

C'est là un des caractères fondamentaux de la Chimie Quantique : les conditions énergétiques déterminent les structures géométriques. L'énergie, quantifiée, doit être mise au nombre des notions premières. Le deuxième caractère fondamental de cette Chimie serait que – comme la Physique Contemporaine – elle ne *mesure* plus, elle *calcule*. Cette substitution du calcul à la mesure est un fait épistémologique de première importance aux yeux de Gaston Bachelard. Il y revient sans cesse dans ses trois derniers ouvrages. C'est pourquoi, il peut écrire à propos du tableau de Mendéléev que nous retrouvons enfin : « Le tableau de Mendéléev réorganisé au niveau des connaissances actuelles accède à un véritable rationalisme arithmétique de la matière ». Il nous semble clair que ce « rationalisme arithmétique » de la matière est le concept épistémologique qui s'est substitué à la notion d'harmonie matérielle dont on peut affirmer par récurrence qu'elle n'était qu'une image fonctionnant comme concept idéologique dans l'ouvrage de 1932. Ce que pouvait nous faire supposer déjà la multiplicité – mal spécifiée – des fonctions qu'il y tient.

Réciproquement, nous pouvons affirmer que le mot d'harmonie *ne peut être* en 1953 qu'une image illustrant incidemment un usage du nouveau concept. Cette démonstration nous semble confirmer ce que la rapide analyse du texte du *Matérialisme rationnel* nous avait suggéré. Une preuve de plus : Bachelard écrit plus loin : « Avant la dynamique électronique les représentations des liaisons chimiques ne pouvaient être que des représentations statiques, des dessins de squelette ». Je crois qu'il aurait volontiers mis son concept d'harmonie matérielle au nombre de ces vieilleries.

L'examen auquel nous venons de procéder nous semble, dans tous les cas, concluant : Gaston Bachelard, fidèle à ses propres principes, n'a cessé, comme le physicien, de « refaire sa vie intellectuelle ». C'est peut-être le caractère le plus apparent de la nouveauté de sa philosophie ; c'en est, à nos yeux, le trait le plus exemplaire.

CONCLUSION

Que reste-t-il au terme de cette étude ?

L'espoir, sans doute, d'avoir pu montrer cet événement historique qu'a été dans le champ de la Philosophie l'apparition de Gaston Bachelard. Historique, c'est-à-dire événement sanctionné, pour toujours.

L'ambition d'avoir prouvé que s'il a fait œuvre de *novateur* en philosophie c'est qu'il s'était donné pour devise de « se mettre à l'École des savants » ; et qu'en s'y mettant, il avait pu discerner la « vérité » de la Philosophie, qui tient dans sa *fonction* de porteparole des idéologies auprès des sciences.

L'idée que c'est d'avoir dégagé la pratique scientifique de l'image qu'en donnait traditionnellement la philosophie, et dans laquelle les savants eux-mêmes croyaient se reconnaître, qui a ouvert le champ d'une nouvelle philosophie.

La question de savoir ce qui, précisément, autorise ce mouvement qui fait qu'on puisse, à l'intérieur de la philosophie, sortir de la philosophie. Il faudrait probablement faire la théorie du jeu qu'à l'occasion de l'instauration de l'épistémologie bachelardienne, nous avons vu s'y manifester entre les instances qui la déterminent (sciences, morale, religion, etc.) et nous demander si ce n'est pas d'avoir introduit un *bougé* dans l'ordre de ces instances qui donne ce statut particulier à la Philosophie de Bachelard.

Une inquiétude enfin ; car, une fois tournée la dernière page du dernier livre de Bachelard, on n'éprouve pas la sérénité dont vous comble à peu de frais une philosophie systématique. On est inquiet, mais d'une inquiétude qui n'est pas ce sentiment vague et paresseux qui ferait les délices de quelque philosophe existentialiste ou mystique. C'est une inquiétude *engagée* : on est, à la lettre, mis en mouvement. Des tâches précises sont fixées, sur le territoire nouveau dont la pratique effective des sciences constitue le sol et l'horizon. On aurait envie de dire : « Au travail ! ».

POSTFACE À LA ONZIÈME ÉDITION

Qu'un intérêt renouvelé se manifeste aujourd'hui pour le versant épistémologique de l'œuvre de Gaston Bachelard peut se comprendre au regard de l'histoire contemporaine de la philosophie des sciences.

Cette histoire a été dominée durant la plus grande partie du XXe siècle par une doctrine – celle de l'empirisme (ou positivisme) logique - promue à Vienne à la fin des années 1920 par une institution originale, le Cercle de Vienne qui publie son *Manifeste*[1] en 1929, et s'organise comme un mouvement à visée universelle et progressiste – celui de la "conception scientifique du monde".

Du fait des engagements politiques antinazis des membres du Cercle viennois qui les contraignirent à l'exil dès le début des années 1930, ce mouvement a très rapidement touché l'Amérique et, à un moindre degré, l'Angleterre.

Du point de vue philosophique, on peut rétrospectivement en retenir deux thèses essentielles : celle d'un désengagement ontologique radical qui peut être rattaché à l'œuvre de Ernst Mach. Sauf à s'égarer dans la métaphysique, la science doit renoncer à s'interroger sur le "pourquoi" des phénomènes, elle se contente d'en saisir le "comment" à propos duquel elle effectue ses calculs à des fins de prévision rationnelle. Cette thèse a pu être interprétée dans le sens d'un phénoménisme intégral ou d'un empirisme radical. Deuxième thèse : la philosophie ne se souciera plus du "contexte de la découverte", elle s'interrogera

---

1. *Manifeste du cercle de Vienne et autres écrits*, sous la direction de A. Soulez, 1929, trad. française, Paris, P.U.F, 1985.

sur le "contexte de la justification" de ses énoncés. Or elle dispose à cette fin d'un outil nouveau qui, depuis le début du xxe siècle, a donné des preuves nombreuses de son exceptionnelle efficacité : la logique mathématique, fondée au sortir de la dite "crise du fondement" des mathématiques, par Bertrand Russell et Alfred North Whitehead, par Gottlob Frege et par Ludwig Wittgenstein.

Ces deux thèses ont été ré-élaborées et réajustées durant des décennies dans le monde philosophique anglo-américain.

Elles concouraient toutes deux à détourner l'attention des philosophes de l'histoire effective des sciences dont Mach – le héros éponyme du Cercle – avait pourtant fait son objet aussi bien dans *La Mécanique* que dans *La connaissance et l'erreur*[1]. Elles orientaient leurs efforts vers une unification de la science (*Encyclopédie de la science unifiée*) par une épuration du langage des différents disciplines sur la base d'une interprétation dépictive ou ostensive d'abord dite "physicaliste" de celui de la physique.

La tradition française de philosophie des sciences a pris d'entrée de jeu un tout autre chemin. Si elle ne les a pas ignorées, elle a refusé de souscrire aux thèses majeures du positivisme logique lorsqu'il s'est présenté à elle. On peut faire commencer cette tradition avec l'œuvre d'Auguste Comte, elle passe par les textes philosophiques d'Henri Poincaré et prend une tonalité spiritualiste avec Léon Brunschvicg[2]. Elle a toujours lié étroitement philosophie et histoire des sciences.

Dans le titre de ce petit livre écrit durant l'année universitaire 1967-1968 sous la direction attentive, généreuse et exigeante de Georges Canguilhem, j'ai avancé l'expression d'"épistémologie historique" pour signaler, à propos de Gaston Bachelard, cette

---

1. E. Mach, *La mécanique, exposé historique et critique de son développement*, 1883, trad. française, Paris, Hermann, 1904 ; *La Connaissance et l'erreur*, 1905, trad. française, Paris, Flammarion, 1908.

2. D. Lecourt, *La philosophie des sciences*, Paris, P.U.F, Que sais-je ?, 2001.

particularité, encore plus accentuée peut-être chez le maître qui m'offrit à l'automne 1968 de publier et de préfacer ce texte qui était celui de mon mémoire de maîtrise.

Dans son avant-propos, Georges Canguilhem fait une allusion qui pourra paraître aujourd'hui énigmatique aux jeunes philosophes qui ouvriraient ce livre : « il mobilise, écrit-il, certains concepts épistémologiques dont le lieu d'importation n'est pas dissimulé ».

Ces mots renvoient à une aventure du début des années 1960. Par un accident qui mérite encore réflexion, Louis Althusser, dont j'étais l'élève rue d'Ulm, avait voulu tirer la dite "philosophie marxiste" de son ornière soviétique (la doctrine du *Diamat* qui avait triomphé en 1931 en URSS) sans céder aux sirènes hégéliennes qui envoûtaient l'École de Francfort et les tenants d'un humanisme marxiste (anti-stalinien). Il avait cru notamment pouvoir emprunter à Bachelard la notion de "coupure épistémologique", d'ailleurs absente de son œuvre, pour fonder le caractère scientifique de la théorie marxiste de l'histoire[1].

Très rapidement, il apparut que cet emprunt posait plus de problèmes qu'il n'en résolvait. La révolte du mois de mai 1968 signa sur le terrain politique l'échec de la tentative althussérienne. Elle rendit très sensible la question de ses bases philosophiques.

Ce texte s'inscrit dans le mouvement de cette mise en question. Je n'avais nullement l'intention de présenter quelque "interprétation marxiste" de Bachelard. Je voulais mettre à l'épreuve l'interprétation althussérienne de Marx en examinant ce qu'il avait présentée comme la base épistémologique de son entreprise. Cette partie de l'histoire appartient sans aucun doute à un passé révolu. J'ai pourtant la faiblesse de croire que l'exploration systématique des textes épistémologiques de Bachelard,

---

1. L. Althusser, *Pour Marx*, Paris, Maspero, 1965.

dont j'ai publié au même moment un recueil[1], peut nous aider encore aujourd'hui à repenser les présupposés de ce qu'on appelle "philosophie des sciences", "philosophie de la science", ou épistémologie.

La conjoncture me paraît d'autant plus favorable que la tradition anglo-américaine issue du positivisme logique a dû maintenant faire droit à l'exigence historique que ses fondateurs avaient récusée. De Rudolf Carnap à Carl Gustav Hempel, Nelson Goodman ou Hilary Putnam en passant par Willard Van Orman Quine, de Karl Popper à Imre Lakatos, Thomas Kuhn ou Paul Feyerabend, cette exigence s'est exprimée sous des formes diverses. Elle offre la possibilité d'une rencontre qui pourrait désormais être fructueuse et nourrir l'intérêt des scientifiques eux-mêmes pour l'épistémologie.

Dominique LECOURT
janvier 2002

---

1. *Bachelard, Épistémologie, textes choisis*, 1971, rééd. P.U.F, 1996.

BIBLIOGRAPHIE SOMMAIRE

OUVRAGES ÉPISTÉMOLOGIQUES DE GASTON BACHELARD

Livres :

Essai sur la connaissance approchée, Paris, Vrin, 1928.
Étude sur l'évolution d'un problème de physique : la propagation thermique dans les solides, Paris, Vrin, 1928.
La valeur inductive de la relativité, Paris, Vrin, 1929.
Le pluralisme cohérent de la chimie moderne, Paris, Vrin, 1932.
Les intuitions atomistiques, Éditions Boivin, rééd. Paris, Vrin, 1933.
Le nouvel esprit scientifique, Paris, P.U.F., 1934.
La dialectique de la durée, Éditions Boivin, 1936.
L'expérience de l'espace dans la physique contemporaine, Paris, P.U.F., 1937.
La formation de l'esprit scientifique : contribution à une psychanalyse de la connaissance objective, Paris, Vrin, 1938.
La philosophie du non, Paris, P.U.F., 1940.
Le rationalisme appliqué, Paris, P.U.F., 1949.
L'activité rationaliste de la physique contemporaine, Paris, P.U.F., 1951.
Le matérialisme rationnel, Paris, P.U.F., 1953.

Articles principaux :

« La richesse d'inférence de la physique mathématique », in *Scientia*, 1928.
« Noumène et Microphysique », in *Recherches Philosophiques*, I, 193 ; repris dans *Études*, Paris, Vrin, 1970.

«Le monde comme caprice et miniature», in *Recherches Philosophiques*, III, 1933; repris dans *Études*, Paris, Vrin, 1970.

«Idéalisme discursif», in *Recherches Philosophiques*, IV, 1934; repris dans *Études*, Paris, Vrin, 1970.

«Le surrationalisme», in *Inquisitions*, n° 1, 1936.

«Lumière et substance», in *Revue de métaphysique et de morale*, 1938; repris dans *Études*, Paris, Vrin, 1970.

«Univers et Réalité», *in* Travaux du 2e Congrès des Sociétés de Philosophie de Lyon, 1939.

«Hommage à Léon Brunschvicg», in *Revue de métaphysique et de morale*, 1945.

Discours du Congrès d'Histoire des Sciences: Le problème philosophique des méthodes scientifiques, Paris, Hermann, 1949.

«L'idonéisme ou l'exactitude discursive», in *Études de philosophie des Sciences* (mélanges Ferdinand Gonseth), Neuchâtel, Éditions du Griffon, 1950.

«L'Actualité de l'histoire des sciences», *Éditions du Palais de la Découverte*, Octobre 1951.

ÉTUDES SUR L'ŒUVRE ÉPISTÉMOLOGIQUE
DE GASTON BACHELARD

Hommage à Gaston Bachelard (G. Bouligand, G. Canguilhem, P. Costabel, F. Courtes, F. Dagognet, M. Daumas, G. G. Granger, J. Hyppolite, R. Martin, R. Poirier, et R. Taton), Paris, P.U.F., 1957.

«Hommage à Gaston Bachelard», in *Annales de l'Université de Paris* (G. Canguilhem, L. Guillermit), Janvier-Mars 1963.

Canguilhem Georges, «Sur une épistémologie concordataire», in *Hommage à Gaston Bachelard*.

Trois articles regroupés dans les *Études d'Histoire et de Philosophie des Sciences*, Paris, Vrin, 1968 :
1. « L'Histoire des Sciences dans l'œuvre épistémologique de Gaston Bachelard ».
2. « Gaston Bachelard et les Philosophes ».
3. « Dialectique et Philosophie du Non chez Gaston Bachelard ».

DAGOGNET François, « Le matérialisme rationnel de Gaston Bachelard », in : *Cahiers de l'Institut de Science économique appliquée*, Juin 1962.
Gaston Bachelard, collection Philosophes, Paris, P.U.F., 1965.

GRANGER Gilles-Gaston, « Visite à Gaston Bachelard », in *Paru*, Monaco, 1947.

HYPPOLITE Jean, « Gaston Bachelard ou le romantisme de l'intelligence », *Revue Philosophique*, Janvier-Mars 1954 et repris dans l'*Hommage à Gaston Bachelard*, P.U.F., 1957.
« L'épistémologie de Gaston Bachelard », in *Revue d'Histoire des Sciences*, Janvier 1964.

N.B. Si l'on veut trouver une bibliographie complète de l'œuvre de Gaston Bachelard, on se reportera à celle qui a été établie en 1963 par Jean Rummens dans la *Revue Internationale de Philosophie*, tome XVII, Année 1963.

INDEX DES PRINCIPAUX CONCEPTS
DE L'ÉPISTÉMOLOGIE BACHELARDIENNE

Nous avons conçu cet index comme un *instrument de travail* : il n'a donc pas la prétention d'être complet ; nous y indiquons les textes majeurs sur les concepts fondamentaux de l'épistémologie historique. Nous entendons par là les textes qui méritent, selon nous, de retenir l'attention du lecteur soit par leur *étendue*, soit par leur *position* stratégique dans l'œuvre de Bachelard, soit par la netteté de leur *formulation*. Ajoutons qu'il s'agit d'un index des *concepts* : on ne s'étonnera donc pas de se trouver renvoyé à certains passages où le mot indiqué ne figure pas. Nous laissons au lecteur le soin d'y reconnaître la présence du concept, et de réfléchir les implications théoriques de l'absence du mot. On s'apercevra enfin que si cet index est nécessairement incomplet, le choix auquel on a dû procéder est solidaire de l'interprétation proposée dans l'étude précédente.

Pour simplifier, nous avons adopté les abréviations suivantes :

Essai	Essai sur la Connaissance Approchée.
Étude	Étude sur un problème de Physique : la propagation thermique dans les solides.
V.I.R.	Valeur inductive de la Relativité.
I.A.	Intuitions Atomistiques.
P.C.C.M.	Pluralisme cohérent de la chimie moderne.
N.E.S.	Nouvel esprit scientifique.
Dial	Dialectique de la Durée.
Exp	Expérience de l'espace dans la physique contemporaine.
F.E.S.	Formation de l'Esprit Scientifique.
Non	Philosophie du Non.
R.A.	Rationalisme Appliqué.
A.R.	Activité Rationaliste de la Physique Contemporaine.
M.R.	Matérialisme Rationnel.

TABLE DES MATIÈRES

ACHEVÉ D'IMPRIMER
EN SEPTEMBRE 2002
PAR L'IMPRIMERIE
DE LA MANUTENTION
A MAYENNE
N° 276-02

Dépôt légal : 3e trimestre 2002